ARMIN MÜLLER

THEORIE, KRITIK ODER BILDUNG?

IMPULSE DER FORSCHUNG

Band 19

ARMIN MÜLLER

THEORIE, KRITIK ODER BILDUNG?

Abriß der Geschichte der antiken Philosophie von Thales bis Cicero

1975

WISSENSCHAFTLICHE BUCHGESELLSCHAFT

DARMSTADT

Bestellnummer: 7255

Satz: Maschinensetzerei Janß, Pfungstadt
Druck und Einband: Wissenschaftliche Buchgesellschaft, Darmstadt
Printed in Germany 2345
Schrift: Linotype Garamond, 9/11

ISSN 0174-0687
ISBN 3-534-07255-3

Für meinen Sohn Felix

INHALTSVERZEICHNIS

1. DIE JONISCH-ATTISCHE PHILOSOPHIE

§ 1. Die Ausgangssituation der griechischen Philosophie

Aufgabe dieser Darstellung soll es nicht sein, über jene Epoche Resultate allzu monographischer Forschung vorzutragen, deren isolierte Fragestellung mehr oder weniger zufällig wirkt und deren Resultaten diesseits der Zunft allgemeine Bedeutung selten beigemessen werden dürfte. Umgekehrt soll diese Arbeit ebensowenig dem Brauch folgen, an antiken Philosophen anhand ausgewählter Zitate Implikate herauszuarbeiten oder durch Abhebung Thesen zu bestätigen, die vielleicht unter modernen Gesichtspunkten auf Resonanz rechnen können, aber niemals Gegenstand ausdrücklicher Erörterung durch die Alten selbst gewesen sind. Vielmehr gilt es, das Ziel der einen, die textgerechte Adäquatheit, und das der anderen, die Werbung für den Gegenstand, in einem Zuge statt auf getrenntem Wege zu erreichen, und zwar im Ausgang von der Herausarbeitung derjenigen umfassenden Fragestellung, die die antike Philosophie von Anbeginn vorangetrieben hat: kann doch Adäquatheit philosophisch nur bedeuten, Details in den Kontext einer umgreifenden Fragestellung einzuordnen, und um wie immer bezogenes Interesse an einem philosophischen Text wirbt das ihn authentisch leitende Problem oder überhaupt nichts. Wer sich im Sinne dieses Ansatzes bei Vermeidung willkürlicher Auslegung belehren lassen will, tut gut daran, gegenüber bloß fragmentarisch Überliefertem zunächst Zurückhaltung zu wahren. Die authentischen Probleme und deren Erörterung werden sich am ehesten dem erschließen, der mit Vorrang dem Argumentationsweg weitgehend vollständig überlieferter Textbestände nachgeht. Das früheste philosophische Werk, das diese Bedingung erfüllt, ist das corpus Platonicum, in dem die Philosophie zu ihr selbst findet und in dem die Gründe deutlich werden, die diesen Anfang notwendig gemacht haben. Diese Gründe lagen in der jedermann konkret erfahrbaren Tatsache, daß der zu Epos und Tragödie formierte Mythos seiner traditionellen Rolle als tragender Lebensgrund der Polis nicht mehr gerecht zu werden vermochte. Die Entwicklung der theoretischen Wissenschaften seit Thales hat das bildhafte Weltsystem, das Homer auf dem berühmten Schild des Achill entwarf,[1] hinter sich gelassen. Zur selben Zeit gehen Lehre und Ausübung der Künste mehr und mehr in die Zuständigkeit des jeweils kompetenten Meisters über: nicht mehr der beschwörende Zugesang des einst universal kompetenten Dichters verheißt etwa Aussicht auf Heilung,[2] sondern das kunstgerecht hippokratische Verfahren der Diätverordnung oder die Therapie durch Schneiden und Brennen.[3] In der politischen Versammlung zählt ferner nicht mehr das Wort des enthusiastischen Sehers, der fürchten muß, ausgelacht zu werden, wenn er dank seiner Kenntnis überlieferter Geschichten von Göttern und Heroen Künftiges vorhergesagt und daraus Ratschläge ableitet.[4] Zudem hat sich der Mythos vermöge mancher Episode, olympische Skandale betreffend, längst dem Vorwurf „theologisch" wie sittlich unangemessener (ἀπρεπές) Darstellung ausgesetzt.[5] Angesichts dieses Bruches verbietet es sich schließlich, schlicht die Tapferkeit der Helden von Ilion zum Zeugen anzurufen, wenn es zu bestimmen gilt, was tugendhaftes Handeln ist. In der Umkehrung spiegelt sich dies Verhältnis besonders plastisch bei Aristophanes wider, wenn er seinerseits jene Jünglinge verspottet, die blaßwangig der Reflexion über die Tugend ergeben sind, statt ohne solche Umwege des Nachdenkens in spontaner Selbstverständlichkeit robustes Kriegertum auszustrahlen. Mit einem Wort — die Ausgangslage der griechischen Philosophie ist dadurch bestimmt, daß Homer und Hesiod in keiner Hinsicht mehr als die unumstrittenen Lehrer Griechenlands anerkannt sind.

Platons rigorose Zuordnung der Dichtung zum Bereich des sinnlichen Vergnügens (ἡδονή) definiert, was dank dieser Bewegung negativ geschehen ist: die mythische Dichtung vermag sich nach ihrem Substanzverlust allein noch in der inferioren Sphäre der Unterhaltung zu behaupten. In der ›Politeia‹ gehören daher für Platon zu den Luxusgütern jener „aufgeblähten" Polis, die er auf der Folie des frugalen „Schweinestaates" beschreibt (372 d), der Rhapsodenvortrag und „Mimesis" (373 b), einst Repräsentation des Göttlichen im Tanz, nun-

[1] Siehe hierzu W. Marg, Homer über die Dichtung, Orbis antiquus, Heft 11, 1957.

[2] Dieser Zugesang (ἐπῳδή) vermochte bei Homer noch aus der Wunde strömendes Blut aufzuhalten (Odyssee 19, 457), während es sich für Sophokles nicht mehr gehört, anstelle des zwar qualvollen Schneidens Zugesänge zu jammern (Aias 581 f.).

[3] Diesen Ablösungsprozeß beschreibt Platon, Politeia 604 d.

[4] Platon, Euthyphron 3 b—c.

[5] Vgl. Anmerkung 6 zum folgenden §!

mehr bloße Unterhaltung. Die Mittel des archaischen Kultes erwirken dann nicht mehr Steigerung des menschlichen zu göttergleichem Leben, sondern beschränken sich auf die Erfüllung von Genußbedürfnis und sanktionieren damit zugleich eine Praxis, in der die Menschen ohne Rücksicht auf die Götter autonom ihre unmittelbaren Interessen in den Mittelpunkt gerückt haben. Diese Folge macht zugleich deutlich, daß mehr als nur das Schicksal der überlieferten Dichtung auf dem Spiel steht. Vielmehr lautet die weitaus gewichtigere Frage, ob es künftig keine verbindliche Formulierung der menschlichen Lebensordnung mehr gibt und, wenn doch, ob dies etwa der Homo-mensura-Satz des Protagoras leistet oder ob sich doch eine weitergreifende Instanz finden wird, die als spekulative Wissenschaft an der substantiellen Einheit von göttlicher und menschlicher Welt festhält. Dies aber ist die Frage, die die antike Philosophie notwendig und von Anbeginn in ihrer Entwicklung konstitutiv bestimmt hat. In dieser Definition präsentiert sie sich seit Platon und den Joniern folgerichtig als Austrag derjenigen Probleme, deren glaubhafte Beantwortung aus mythischen Geschichten über Götter und Heroen nicht mehr abzuleiten war. Aus der geschichtlichen Ausgangssituation in disziplinäre Systematik übertragen, bedeutet dies, daß die Einheit von Metaphysik und Ethik das treibende Problem der antiken Philosophie gewesen ist. Ihre Rezeption ist daher durchgängig zur Aufmerksamkeit auf diese Problematik als jenen Kontext verpflichtet, aus dem die zu erörternden Details ihre philosophische Plausibilität erfahren.

§ 2. Platon, ›Ion‹
Hermeneutik als Heilmittel in der Krise des Mythos?

Platon konnte nicht ohne weiteres davon ausgehen, daß die Vertreter der mythischen Tradition als unvermeidlich hinnähmen, sie seien nicht mehr die allein zuständigen Deuter des göttlichen Willens und könnten folglich auch nicht in Anwendung bestimmter Deutungskünste das Handeln in der Polis bestimmen. Im Gegenteil — durch die Ausbildung der Allegorese, eines Deutungsverfahrens, das Theagenes von Rhegion (um 525) etwa sechzig Jahre nach der Akmé des Thales erstmals erprobte,[6] glauben die Homeriden, ihr Aktualitätsproblem gelöst zu

[6] Um den Vorwurf theologischer Unangemessenheit von Homer abzuwehren, erklärt Theagenes etwa die häufig inkriminierte Götterschlacht im XX. Gesang der Ilias als Allegorie für den natürlichen Gegensatz der Ele-

haben, indem sie epische Verse als dichterische Einkleidung „moderner" physiologischer Lehrsätze auslegten. So heißt es in einem Bericht über Metrodor von Lampsakos:

Anaxagoras scheint als erster die Auffassung vertreten zu haben, die homerische Dichtung handle von Tugend und Gerechtigkeit; ausführlicher aber hat diese These wohl noch sein Schüler Metrodor von Lampsakos verfochten, der sich auch zuerst mit der Naturlehre des Dichters befaßt hat.[7]

An diese Vorgeschichte der Versöhnung Homers mit jonischer Theorie knüpft nun im gleichnamigen Dialog der Homerrhapsode Ion, der Ausleger der Ausleger (535a) göttlichen Willens, an. Als leibhaftige Lösung des Vermittlungsproblems mit einem altertümlichen Prachtgewand angetan, das ihn von der knapperen bürgerlichen Kleidung abhebt, läßt sich Ion von Sokrates zugleich bestätigen, er wisse nicht allein, wie die alten Sänger, seine Verse auswendig, sondern verstehe sich auch auf deren wahren Sinn (διάνοια) und sei darin dem berühmten Metrodor noch weit überlegen (530b—d). Aber Sokrates will keine Einzelallegoresen, etwa daß Helena in Wahrheit Erde und Paris Luft bedeute,[8] wohl weil Helena schön wie die Erde ist und der sie umarmende Paris alsdann Luft sein muß.[9] Sokrates will vielmehr systematisch entschieden wissen, ob Ion die homerische Wahrheit authentisch auslegt (subtilitas intellegendi) und diese dann dank entsprechender Sachkenntnis auf die nacharchaische Polis adäquat anwendet (subtilitas applicandi).

Die fällige Prüfung beginnt Sokrates, indem er den Rhapsoden mit dem Sachkundigen konfrontiert, der jederzeit unterscheiden kann, was in einem Sachgebiet besser und was schlechter ausgeführt ist. Ion dagegen beurteilt Homer und Hesiod nur dann zugleich, wenn sie über einen Gegenstand beide dasselbe sagen. Den Vergleich, der zu ziehen wäre, wenn sich die beiden Dichter etwa verschieden über die Mantik äußern, kann jedoch nicht Ion selbst, sondern nur der sachkundige Seher durchführen. Da gesteht Ion, daß er überhaupt nur wach sei, wenn über Homer gesprochen werde, bei anderen Dingen hingegen schlummere er und wisse zum Gespräch nichts beizusteuern. Ions Aus-

mente, wobei Apoll, Helios und Hephaist das Feuer, Poseidon und Skamander das Wasser vertreten (Fragmente der Vorsokratiker, 8 A 1 f., ed. Diels).

[7] Diogenes Laertios II 11.

[8] Diese Beispiele stammen von Metrodor (Fragmente der Vorsokratiker, 61 A 3 f., ed. Diels).

[9] Mit solchen Deutungen versucht W. Nestle, Metrodors Mythendeutung, in: Philologus 66 (1907) 503 ff., Sinn in den Unsinn zu bringen.

legungskünste sind also launenbedingt und beherrschen ihren Gegenstand nicht sachgerecht als ein Ganzes. Diese Schwäche des Rhapsoden sucht Sokrates nun zu erklären:

... es ist wohl jedem deutlich, daß du durch Kunst und Wissenschaft über den Homer zu reden unvermögend bist. Denn vermöchtest du es durch Kunst: so vermöchtest du auch über alle anderen Dichter zu reden. Denn die Dichtkunst ist doch wohl das Ganze ...? (532 c) [10]

Ins Positive gekehrt bedeutet dies: „... dies wohnt dir nicht als Kunst bei, gut über Homer zu reden, ... sondern als eine göttliche Kraft, welche dich bewegt ..." (533d). Wie Eisenstücke vom Magnetring, so wird der Rhapsode unmittelbar von seinem Dichter angezogen und dieser wiederum vom Gott, der seinen Dienern die Vernunft raubt, um anzuzeigen, daß er selbst „es ist, der es sagt, und daß er nur durch diese zu uns spricht"; und zur Unterstreichung dieser Gegebenheit hat schon häufig „recht absichtlich der Gott durch den schlechtesten Dichter das schönste Lied gesungen" (533d—534e). Mit diesen Erläuterungen hat Sokrates Ions Position so stark wie möglich gemacht. Und doch schlägt diese Stärke prompt in Schwäche um, sobald präzisiert wird, was es konkret heißt, außer sich zu sein und dafür ganz und gar bei den Dingen, „sie mögen nun in Ithaka sein oder in Troja oder wo sonst das Gedicht sich aufhält" (535 c). Diese Verfassung des Außer-sich-Seins, in der Ion seine Zuhörer am meisten mitreißt, tritt vornehmlich bei Anagnorisis-, Peripetie- und Klageszenen ein (535 b). Weinend identifiziert sich dann Ion mit seinen Helden:

Wenn ich nämlich etwas Klägliches vortrage: so füllen sich mir die Augen mit Tränen, wenn aber etwas Furchtbares und Schreckliches, so sträuben sich die Haare aufwärts vor Furcht, und das Herz pocht. (535 c)

Dieselbe kathartische Wirkung soll nun auch die Zuschauer erfassen:

Denn ich betrachte sie jedesmal von oben herab von der Bühne, wie sie weinen und furchtbar umherblicken und mitstaunen über das Gesagte. Auch muß ich ja wohl gar sehr auf sie achtgeben: denn habe ich sie recht weinen gemacht, so lache ich hernach, weil ich Geld einnehme; habe ich sie aber lachen gemacht, so muß ich selbst weinen, weil ich das Geld einbüße. (535 e)

Diese Wendung zeigt einerseits, was Ions Enthusiasmus nicht ist — Einswerden mit dem Gott, sondern Begeisterung allenfalls im verblaßten Sinne des Wortes, das den Bezug zu Geistern kaum noch mithören

[10] Wörtliche Platonzitate erfolgen stets nach der Übersetzung Schleiermachers.

läßt. Zum andern ist aber auch gesagt, was jener Enthusiasmus tatsächlich ist — eine gekonnte Affekterregung, die im allgemeinen vom Erfolg, der sich ja auszahlt, gekrönt ist. So handelt es sich bei diesem Aufwühlen von Leidenschaften um ein bestimmtes Können, über das Ion wohl noch als Naturanlage verfügt, das aber in den Rhetorenschulen häufig sogar als Hauptlehrgegenstand durch planvolles Üben zur Kunst ausgebildet wurde. Ions Fähigkeit, enthusiastische Wirkungen zu erzielen, beruht auf der Kunst der Erzeugung des Scheins; der Repräsentation des Göttlichen vor der zum Fest versammelten Polis dient sie nicht.

Mit dieser Kompromittierung des Enthusiasmus fühlt sich Ion indes kaum getroffen, zumal er ausdrücklich bestreitet, er „verherrlichte den Homer durch Entgeistung und Wahnsinn“ (536 d). Für Ion, der mit dem Ziel der Applikation deutend über Homer spricht, ist der Enthusiasmus zu „unwissenschaftlich“, wobei ihm aber entgeht, daß seine Deutungswissenschaft noch entschieden enthusiastisch ist, wenn er auf die grundsätzliche Frage des Sokrates, mit der dieser ein erneutes Angebot auf allegorische Homerdeutungen übergeht, antwortet, er sei für alle Gegenstände, über die Homer spreche, zuständig (536 e). Diese enthusiastische Interpretation des Wissens, die in Ions Prätention impliziert ist, gehört zur Schlichtheit der archaischen Praxis, die sich ohne mühevolles Lernen gleichsam mit einem Blick überschauen läßt; und das derart unmittelbar empfangene Gesamtwissen befähigt den Dichter, alle Bereiche der Lebenswirklichkeit zureichend auszusagen. Solche Dichtung wird jedoch ihre Anwendung aus bloßer Rezitation nur zulassen, solange diejenige Wirklichkeit, die sie beschreibt, noch nicht durch das Prinzip der Verfächerung in Einzelkompetenzen überholt ist. In einer nacharchaischen Phase müßte der rezitierende Rhapsode indes, wollte er sich als Hermeneus bewähren, neben seiner Kenntnis der epischen Gesänge auch alle darin erwähnten Künste ihrer neuesten Entwicklung gemäß beherrschen. Da sich Ion dem aufgrund seiner Homerkenntnis gewachsen fühlt, gilt es, dies Bewußtsein auf seinen Rechtsgrund zu prüfen. Zu diesem Zweck läßt Sokrates Ion eine homerische Darstellung über die Wagenlenkung zitieren, bis er ihn unterbricht:

> Genug. Ob also, Ion, in diesen Versen Homer richtig spricht oder nicht, welcher von beiden wird das besser verstehen, der Arzt oder der Wagenführer? (537 c)

Natürlich der Wagenlenker, und daraus folgt allgemein:

> Also, wer irgendeine Kunst nicht besitzt, der wird auch, was vermöge dieser Kunst geredet oder getan wird, nicht richtig zu beurteilen vermögen. (538 a)

Speziell für Ion bedeutet dies: wenn ebenfalls die Rhapsodenkunst eine besondere Kunst ist, die mit den bei Homer vorkommenden Künsten des Arztes, Fischers, Wagenlenkers und Sehers nicht identisch ist, so verfügt der Rhapsode nicht über die Summe all derjenigen Kenntnisse, vermittels derer er allein beurteilen könnte, ob Homers Beschreibungen treffend und mithin anwendbar seien. Wenn also Ion nicht über eine Universalkompetenz für diejenige Wirklichkeit verfügt, auf die hin er das homerische Totalwissen auslegen will, so erfüllt er nicht die Bedingung, ohne die er nicht den mit seinen Auslegungen verbundenen Anspruch legitimieren kann.

Aber Ion ist auch jetzt noch nicht geschlagen, wenn es ihm nur gelingt, ein Allgemeines als Inhalt seiner Kunst zu nennen, von dem lediglich „dergleichen" — gemeint sind damit, wie Sokrates eigens präzisieren läßt, die oben aufgezählten Künste — auszunehmen wäre. Dies Allgemeine, das die besondere Zuständigkeit des Rhapsoden ausmachen soll, bestimmt nun Ion des näheren: „Was einem Manne zu sprechen ziemt (ἃ πρέπει), glaube ich, und was einer Frau, was einem Knechte und was einem Freien, was einem Gehorchenden und was einem Gebietenden" (540 a—b). Das „Sprechen", das die genannten, die Polis in der Gesamtheit ihrer öffentlichen und häuslichen Praxis konstituierenden Gruppen charakterisiert und im Rhapsoden seine Norm haben soll, ist, wie die genannten Beispiele zeigen, handelndes Sprechen: die Befehle des Steuermannes und die Anordnungen des Arztes; die Rufe des Hirten, der das Vieh besänftigt; die webende Frau, die andere in ihrer Kunst unterweist oder beaufsichtigt; schließlich die Anfeuerungsrufe des Feldherrn. Während nun Ion den Platz der ersteren nicht ausfüllen könnte, bekennt er ohne Zögern, als Rhapsode auch die Kunst des Feldherrn zu beherrschen (540 d). Diese naive Einlassung kommt gleichwohl nicht überraschend: als Homerrhapsode befaßt sich Ion ständig mit Krieg und großen Feldherrn; und er mag an das Beispiel des Sophokles gedacht haben, der für seine ›Antigone‹ im samischen Krieg (441—439) mit einer Strategie belohnt wurde. Daher stimmt Ion auch den folgenden Erwägungen des Sokrates ohne Bedenken zu: wenn nämlich Ion weiß, was der Feldherr zu tun hat, dann muß er der „erwiesenen" Identität der Feldherrn- und Rhapsodenkunst zufolge als bester Rhapsode von Griechenland auch der beste Feldherr sein. Ion kann ferner auch erklären, warum ihn die Athener gleichwohl nie zum Feldherrn gewählt hätten, weil sie nämlich nur ihre eigenen Bürger mit diesem Amt betrauten, so daß er als Ephesier nie eine Chance gehabt habe. Darauf macht Sokrates mit dem Hinweis, es seien aber je ein Kyzikener, ein Andrier und ein

Klazomenier athenische Strategen gewesen, dem Spiel ein Ende. Ion selbst war offensichtlich doch nicht zu überzeugen. Sokrates muß sich daher an seine Leser wenden, wenn er nun Ion mit den Worten verabschiedet, er sei sicher nicht ein „technischer“ Vermittler Homers, da er über das Wie und Was einer solchen Kunst keine Auskunft geben könne, aber doch ebendaher sein „enthusiastischer“ Vermittler. Was das bedeutet, dürfte Ion nicht mehr realisiert haben: ohne eine ihn ausweisende Kunst ist sein Anspruch auf aktuelle Relevanz in der Polis nicht zu legitimieren, und seine Version von Enthusiasmus beweist das genaue Gegenteil von göttlichem Innesein. Damit aber hat Platon vollends demonstriert, daß eine andere Instanz als jene scheinaktuelle Hermeneutik den Ausweg weisen muß, wie die Einheit von Götter- und Menschenwelt wiederherzustellen sei. Die voraufgegangene Begründung dieses negativen Bescheides aber ist der erste Schritt der Philosophie zu ihrer Selbstkonstituierung.

§ 3. Platon, ›Politeia‹
Die Herausforderung des mythischen Erbes

Das von Platon dekretierte Ende des Mythos fällt zusammen mit dem Ende der archaischen Welt, der zu Beginn der ›Politeia‹ eine Reminiszenz gewidmet ist: der Festzug zu Ehren der thrakischen Göttin Bendis, der neuerdings auch die Bewohner Attikas huldigen. Die charakteristische Figur dieser Szenerie ist der alte Kephalos, der noch ganz und gar in jener sich wie von selbst verstehenden Sittlichkeit aufgeht. Die mythischen Geschichten von den Strafen in der Unterwelt, so erwägt der Greis, könnten ihm Anlaß zur Besorgnis sein, wäre er nicht durch seinen Reichtum jederzeit imstande gewesen, alle seine Schulden zu tilgen.

Denn daß er nicht leicht wider Willen jemanden übervorteilt oder hintergeht oder auch einem Gott irgend Opfergaben oder einem Menschen Geld schuldig bleiben und so in Furcht davongehen muß, dazu kann ihm der Besitz des Reichtums gar vieles beitragen. (331 b)

Als Sokrates darauf fragt, ob es demzufolge auch gerecht sei, einem Wahnsinnigen seine Waffen zurückzugeben, wenn dieser sie als Gesunder noch verliehen hätte, da wird die Diskrepanz der beiden Welten sichtbar, durch die eine Diskussion wie diejenige der ›Politeia‹ unerläßlich wird. Während Sokrates sieht, daß die unreflektierte Anwendung einfacher Lebensregeln nicht mehr genügt, mag Kephalos über solche „Probleme“ wohl nur mit den Achseln gezuckt haben, um sich darauf, nachdem er das Gespräch seinem Sohn Polemarchos überließ, lachend zur Opferstätte zu begeben.

Die mythische Welt tritt ab und mit ihr die überkommenen Mittel, die göttliche Wahrheit zum Leben in der Polis zu vermitteln; mit diesem Rücktritt jedoch wird die immer schon latente Gefahr der Preisgabe der Polis an ihre Gottlosigkeit manifest. Daher fahndet Platon nun entschlossen nach den „Rettern der Politeia“ (502 d), die die Polis vor jener Gefahr der Heillosigkeit bewahren und dafür einstehen sollen, daß die Polis als gerechte Polis in die fügende Ordnung des umgreifenden Göttlichen zurückfinde. Das Problem der göttlichen Polis erörtert Platon nun als das Problem der absolut gerechten Polis. Negativ bestätigt sich diese theologische Bestimmtheit des Gerechtigkeitsbegriffes bei Platon insofern, als er die Gerechtigkeit abgetrennt von jeder wie immer gearteten Fixierung auf partikulare Interessen definiert. Folgerichtig beginnt Platon seinen Weg zur Idee der absolut gerechten Polis mit der Ankünpfung an zwei interessenbezogene Gerechtigkeitstheorien, die für ihn nur scheinbar im Widerspruch stehen:

Von Natur nämlich, sagen sie, sei das Unrechttun gut, das Unrechtleiden aber übel; das Unrechtleiden aber zeichne sich aus durch größeres Übel als durch Gutes das Unrechttun. So daß, wenn sie Unrecht einander getan und von einander gelitten oder beides gekostet haben, es denen, die nicht vermögend sind, das eine zu vermeiden und das andere nur zu wählen, vorteilhaft erscheint, sich gegenseitig darüber zu einigen, weder Unrecht zu tun noch zu leiden. Und daher haben sie denn angefangen, Gesetze und Verträge untereinander einzurichten und das von dem Gesetz Auferlegte das Gesetzliche und Gerechte zu nennen. (358 e f.)

Diese Gegenüberstellung einer Natur- und einer Konventionstheorie ist auf dem Hintergrund der von Thrasymachos zuvor schon aufgestellten These zu verstehen, die Wahrheit der Naturtheorie erweise sich nicht zuletzt an dem (aus der medizinischen Diätlehre stammenden) Kriterium des „Zuträglichen“,[11] sofern das Gerechte nichts anderes sei als das dem Stärkeren Zuträgliche (338 c). Die Naturhaftigkeit der Diätkategorie des Zuträglichen verbürgt die Allgemeinheit der auf sie gestützten Gerechtigkeitstheorie, und zwar einschließlich ihrer sinnlich-partikulären Anwendung, deren in der Regel richtiges Treffen bei der Definition jeweils abzusichernder Interessen wiederum durch den Technecharakter der nach Maßgabe der Konstitution der einzelnen

[11] Vgl. hierzu F. Heinimann, Nomos und Physis, Darmstadt ²1965, 95 ff.

Patienten diätverordnenden Medizin gewährleistet ist. Die Schranke dieser Theorie hat nun zunächst die Konventionstheorie sichtbar gemacht, wenn sie zurückfragte, für wen zuträglich — denjenigen, der Unrecht tun kann, und für wen nicht zuträglich — denjenigen, der Unrecht erleidet. Dieser Einwand zielt auf einen Kompromiß ab, der statt des Zuträglichen der Einzelgruppe dasjenige der Gesamtgruppe als Wesen der Gerechtigkeit erklärt. Der Konventionstheorie zufolge wären dann die Gesetze, wie Kallikles genau im Sinne des Thrasymachos höhnen würde, Ausdruck des Widernatürlichen, wenn sie als Übereinkunft im Interesse der Schwachen den Zweck verfolgen, die Starken an der Wahrung ihrer natürlichen Rechte zu hindern. — Nun fordert die Konventionstheorie Kritik aber auch noch von einer anderen Seite heraus; wenn sie nämlich den Sinn der Gerechtigkeit nicht in der Erfüllung, sondern in der Beschränkung der menschlichen Natur sieht, so stimmt sie damit nur der Physistheorie zu, die den Menschen zu einem durch Selbstgenugsamkeit der Willkür und Verzicht auf geistige Vermittlung definierten Scheusal erklärt. Die Konventionstheorie, die sich der Suche nach einem besseren Naturbegriff von vornherein entschlägt, ist resignierte Physistheorie. Der Gegensatz von Physis- und Thesistheorie erweist sich somit als Übereinstimmung in einem schlechten Naturbegriff, der das Interesse, sei es weniger oder auch aller, absolut setzt und das dem Menschen wahrhaft „Zuträgliche“ vergessen hat. Dieses Vergessen bleibt aber unvermeidlich, solange man nicht die anthropozentrische Reduktion herrschender Theorien überwindet und, Platon folgend, das allem menschlichen Interesse überlegene Göttliche als Grund der wahrhaft gerechten Polis wiedererkennt. Mit dieser Forderung Platons erreicht die Diskussion um die wahre Natur des Menschen jenes höhere Niveau, auf dem der in Nomos- wie Physistheorie gleichermaßen implizierte schlechte Naturbegriff überwunden ist. Und im kritischen Hinausgehen über einen bloß am partikulären Interesse gemessenen Begriff des Politischen liegt die Bezüglichkeit der theologischen Ontologie Platons.

Für dies Beweisziel findet Platon auch unter den alten Theologen, den Dichtern, selbst dann schlechte Zeugen, wenn sie ausdrücklich politisches Handeln in Relation zu den Göttern setzen. Nach ihrer Lehre (363 a ff.) ist offensichtliches Unrecht um der nachteiligen Folgen willen zu unterlassen. Gemeinhin genüge aber schon der Schein von Gerechtigkeit — selbst vor den Göttern; bemerkten diese aber dennoch das Unrecht, so ließen sie sich mit Gebeten und Opfern besänftigen. Somit beweisen gerade die einschlägigen Sprüche der alten Dichter, daß von den uranfänglichen Heroen an ... bis auf die heutigen Menschen noch nie einer die Ungerechtigkeit getadelt oder die Gerechtigkeit anders gelobt hat, als immer nur um den Ruhm, die Ehren, die Gaben, die ihnen daraus entspringen. (366 e)

Hiernach muß Platon in der mythischen Dichtung und in der Sophistik eine identische Position erkennen: die allzu vordergründige Darstellung des Göttlichen durch die Dichter ist nicht minder atheistisch als die sophistische Begriffswelt, die sich erst gar nicht um ihre theologische Verbrämung bemüht. Dieser Nachweis des dichterischen Nominalismus impliziert schließlich, daß Dichtung für Platon nicht erst neuerdings, sondern von vornherein in Wahrheit nie erfüllt hat, was sie ihrem Anspruch nach sein wollte. Um das damit bewußt gewordene Problem geschichtlicher Illegitimität begrifflich weiterzuverfolgen, entwickelt Platon die Theorie der Seelenteilung. Dabei figuriert die als Sophistik in die Gegenwart hinragende schlechte Herkunft als die von vernünftiger Besonnenheit (σωφροσύνη) verschiedene selbstsüchtige Begehrlichkeit (ἡδονή / ἐπιθυμία). Auf dieser begrifflichen Zuordnung der von Mythos und Sophistik gemeinsam repräsentierten Position fußend, entwickelt nun Platon Ansätze zu deren institutioneller Überwindung. Die gerechte Seele unterwirft ihre Begierden der Kontrolle vernünftiger Besonnenheit. Sich darauf einzulassen, macht die Tugend des untersten Seelenteils aus als Bedingung der Einmütigkeit, sei es im einzelnen oder in der ganzen Polis. Besonnenheit ist folglich Einmütigkeit, „nämlich des von Natur Besseren und Schlechteren Zusammenstimmung darüber, welches von beiden herrschen soll, in der Stadt sowohl als in jedem einzelnen" (432 a). Politisch bedeutet dies des näheren, daß sich jedes eigensüchtige Interesse zugunsten einer einheitlichen, die ganze Polis betreffenden Ordnung aufzugeben hat. Das Wort „mein" muß, soweit es in seiner alten Bedeutung verstanden ist, verschwinden:

In welchem Staat also die meisten in bezug auf die nämlichen Dinge eben dieses auf dieselbe Weise anbringen, das ‚Mein' und ‚Nicht mein', dieser ist am besten eingerichtet. (462 c)

Die Gerechtigkeit besteht dann darin, „daß jeder das Seinige und Gehörige hat und tut" (433 e), und das nicht im Sinne der Besorgung eigener Angelegenheiten, sondern der Erfüllung der von der umgreifenden Herrschaftsvernunft nach Maßgabe der jeweiligen Fähigkeiten zugewiesenen Aufgaben. Als Tugend der Einordnung verlangt die Gerechtigkeit von den sinnlich reagierenden Ständen bedingungslose Unterwerfung unter die Herrschaft der Besonnenen und von den

Besonnenen, den Herrschern und Wächtern, sogar Verzicht auf Familie und Eigentum als Quellen der Selbstsucht.

Daß eine derartige institutionelle Lösung des Gerechtigkeitsproblems sich zu den bestehenden Institutionen der Polis absolut disparat verhält, bedarf kaum der Unterstreichung. Platon gerät daher zwangsläufig in die Defensive, wenn er sich nun der Frage stellen muß, ob die Überwindung dieser Disparatheit zugunsten der Philosophie notwendig und legitim und ob sie, falls dies sich erweist, überhaupt möglich sei. Die Erörterung dieser Probleme, die übrigens ontologisch vor sich geht und nicht zu einer Theorie der revolutionären Aktion hinführt, bestätigt erneut, daß Platons Bestimmung der gerechten Polis von vornherein theologisch motiviert war. Als erste Antwort erfährt nämlich die unphilosophische Polis, welchen Preis sie fürs Beharren auf ihrem Meinen zu zahlen hat — den ewigen Ausschluß vom summum bonum divinum, da

> weder ein Staat noch eine Verfassung noch auch ein einzelner Mann ebenso vollkommen werden könne, bis diesen wenigen Philosophen ... eine Notwendigkeit sich ergibt, ... sich das Staates anzunehmen ... (499 b)

Die Notwendigkeit der göttlichen Polis hat Platon damit ebenso wie diejenige des an die Stelle des Dichters getretenen Philosophen begründet; aber auch ihre Möglichkeit steht für ihn außer Frage: sollte es irgendwo eine solche Polis geben, so

> sind wir bereit, mit Gründen durchzufechten, daß diese beschriebene Verfassung bestanden hat oder besteht oder bestehen wird, wenn diese Muse sich eines Staates bemächtigt. Denn unmöglich ist sie nicht, noch bringen wir Unmögliches vor, Schweres aber, das geben wir selbst zu. (499 d)

Nachdem Sokrates von der Notwendigkeit und ebenso von der Möglichkeit, das gesteckte Ziel zu erreichen, überzeugt ist — sonst sprächen wir nichts als fromme Wünsche (499 c) aus — bleibt es noch übrig, die gerechte Polis nach ihrer dritten Modalität, in ihrer Wirklichkeit, darzustellen. Ziel der philosophischen Herrschaft ist die Polis auf göttlichem Grunde, in der Interesse, Begehrlichkeit und Eigensinn als Triebfedern des Handelns überwunden sind. Und dies Prinzip wäre verwirklicht, wenn immer die Idee des Guten politischer Praxis zum Richtmaß dient — eben die größte Einsicht, „durch welche erst das Gerechte und alles, was sonst Gebrauch von ihr macht, nützlich und heilsam wird“ (505 a). Das Problem der Realisierung der gerechten Polis wird damit formulierbar. Wenn, wie Platon bedeutet, der Nutzen der Gerechtigkeit nicht auf Interessengarantie im Sinne des Thrasymachos, sondern, sofern sie ein Abkömmling des Absoluten ist, auf ihrer Heilsträchtigkeit beruht, so muß es gelingen, die einander widerstrebenden Pole von hiesiger Sichtbarkeit des Vorteils und kosmischer Unsichtbarkeit des Göttlichen zusammenzuführen. Am Ende dieses Weges schließlich könnte die Verwirklichung philosophischer Herrschaft stehen, deren theoretischer Zweck, die „größte Einsicht", mit dem praktischen Zweck, diese Einsicht zum alleinigen Bestimmungsgrund des Handelns zu erheben, untrennbar koinzidiert. Die Problematik dieses Weges hat Platon im Höhlengleichnis illusionslos diskutiert.

Dieses Gleichnis versinnbildlicht, setzt man bei der theoretischen Seite an, „den Aufschwung der Seele in die Region der Erkenntnis", worüber des näheren gilt, „daß zuletzt unter allem Erkennbaren und nur mit Mühe die Idee des Guten erblickt wird, . . . und daß also diese sehen muß, wer vernünftig handeln will, sei es nun in eigenen oder in öffentlichen Angelegenheiten" (517 b—c). Die offensichtlich praktische Energie des platonischen Erkenntnisbegriffs bestätigt sich, wenn man dasselbe Gleichnis als Bildungslehre deutet. Denn Platons Begriff der Bildung, deren Objektivität in der durch sie gewährleisteten Politik liegt, verbietet den Gebildeten ausdrücklich zu wähnen, „daß sie auf die Inseln der Seligen noch lebend versetzt worden sind" (519 c). Unbarmherzig werden die Gebildeten in die Höhle des täglichen Lebens zurückgetrieben: „. . . wenn sie dort oben zur Genüge geschaut haben, darf man ihnen nicht erlauben, was ihnen jetzt erlaubt wird" (519 d). Platon untersagt der Bildung, ihrem Hang nach Eigenleben nachzugeben: „Ihr müßt also nun wieder herabsteigen, jeder in seiner Ordnung, zu der Wohnung der übrigen und euch mit ihnen gewöhnen, das Dunkle zu schauen" (520 c). Denn gerade der Philosoph ist dem Prinzip unterworfen, „daß das Gesetz sich nicht angelegen sein läßt, daß ein Geschlecht sich ausgezeichnet wohl befinde, sondern daß es im ganzen Staate Wohlsein muß hervorzubringen suchen . . ." (519 e). Das Ziel der platonischen Politik im Höhlengleichnis, die Abkehr vom zügellosen Interessenkampf zu dem am Maß des Göttlichen einheitlich gefügten Staat, ist nur bei behutsamer Annäherung zu erreichen: statt abrupter Gewaltsamkeit allmähliche Gewöhnung, beginnend bei Schatten und Spiegelbildern im Wasser, dann erst zu den Dingen selbst; darauf den Blick zum Himmel zunächst bei Nacht, bis der Lernende fähig ist, in die Sonne selbst hineinzusehen . . . (516 a—b). Platon malt dies Bild bis ins Detail aus, weil von der schrittweisen Vermittlung der Umkehr abhängt, ob sich die Disparatheit von Forderungen und Wirklichkeit aufheben läßt: am Anfang des Weges aus der Höhle nach oben sprach nichts dafür, den Aufstieg aus der Gefangenschaft zu wagen; und kehrt umgekehrt jemand von oben zurück zu den Gefangenen,

würde man ihn (dann) nicht auslachen und von ihm sagen, er sei mit verdorbenen Augen von oben zurückgekommen und es lohne nicht, daß man auch nur versuche hinaufzukommen; sondern man müsse jeden, der sie lösen und hinaufbringen wolle, wenn man seiner nur habhaft werden und ihn umbringen könne, auch wirklich umbringen. (517 a)

Diese angesichts des Todes des Sokrates keineswegs nur angenommene Folge der Disparatheit zwischen radikaler Theorie und aktueller Polis ist kennzeichnend für den Gang der Erörterung des Vermittlungsproblems, das offensichtlich immer dezidierter sich auf den Bescheid versteift, daß Vermittlung unmöglich sei. Grundgelegt ist dies Scheitern begrifflich in der Bestimmung der Idee, daß sie gedacht, aber nicht gesehen werden könne (507 b); denn diese Unterscheidung limitiert notwendig den Aktionsbereich des Mittels der Verwirklichung der gerechten Polis, der Dialektik nämlich, die — zunächst im Gegensatz zur Eristik Kunst der sachbezogenen Überzeugung [12] — immer mehr zum Inbegriff einer Theorie wird, die zugleich als philosophische Rhetorik Praxis ist. In dieser Bestimmung steht Dialektik „wie der Sims über allen anderen Kenntnissen", faßt die „Erklärung des Seins und Wesens eines jeden" und ist ans „Ziel alles Denkbaren" gelangt, wenn es einer unternimmt, „ohne alle Wahrnehmung nur mittels des Wortes und Gedankens zu dem selbst vorzudringen, was jedes ist, und nicht eher abläßt, bis er, was das Gute selbst ist, mit der Erkenntnis gefaßt hat" (532 a—e). Diese „die Idee des Guten von allem anderen absondernd" (532 b) verfahrende Kunst erklärt Platon, und darin erfüllt sich ihr Sinn, zum notwendigen Instrumentarium künftiger Staatslenker (534 d). Als Mittel wie als Ziel ist also Dialektik durch „absondernde" Distanzierung gegen das bloß Sichtbare gekennzeichnet und damit notwendig zum Scheitern verurteilt. Diese Konsequenz wird indes noch unabwendbarer, wenn die an die Dialektik geknüpften Erwartungen an jener platonischen Wirklichkeitsinterpretation eingeschätzt werden, die besagt, die Wirklichkeit der gerechten Polis könne nur urgeschichtlich oder kosmisch beschrieben werden und sei mithin in der geschichtlichen Welt nicht gegeben. Die im VIII. Buch der ›Politeia‹ vorgetragene Weltgeschichtskonzeption zeigt, daß Platon

[12] Näheres hierzu siehe bei W. Müri, Das Wort Dialektik bei Platon, in: Museum Helveticum 1 (1944) 153—168.

seine Kritik weit hinter die eigene Zeit zurücktreibt, wenn er der Geschichte der Staaten bescheinigt, sie sei Geschichte des unaufhaltsamen Absinkens von der göttlich-heilen Verfassung der Aristokratie zu den von Mal zu Mal schlechteren Formen der Timokratie, Oligarchie, Demokratie und Tyrannis. Diese radikale Skepsis wiederholt sich im Doppeldialog ›Timaios-Kritias‹. Sokrates äußert dort den Wunsch, seine heile Polis, die er am Vortage normativ beschrieben hatte, plastisch in Bewegung zu sehen. Diesem Wunsch kommt Kritias nach, und zwar mit einer Erzählung über Urathen, unter dessen Führung Europa vor 9000 Jahren einen Angriff des übermütigen Atlantis siegreich zurückgewiesen hatte. Kritias stützt sich bei seiner Erzählung auf alte ägyptische Überlieferungen, welchen zufolge Athen damals den tapfersten Staat und die besten Gesetze hatte.

Was aber die Verstandesbildung anbetrifft, siehst du wohl, welche Sorgfalt die hiesige Gesetzgebung sogleich von Anbeginn an ihr widmete in bezug sowohl auf die Weltordnung, indem sie alles insgesamt, bis auf die Seher- und Heilkunst zur Gesundheit, aus diesen göttlichen Dingen für die menschlichen Angelegenheiten herleitete und auch in den Besitz aller andern damit verbundenen Kenntnisse sich setzte. (Timaios 24 b—c)

Dieser Feststellung der urgeschichtlichen Nähe zu den Göttern, die in einem damit die These von der Gottlosigkeit der geschichtlichen Welt enthält, entspricht die kosmische Deutung, die an diejenigen appelliert, die die gerechte Polis auf Erden allenthalben vermissen und schließlich ihre Möglichkeit überhaupt bezweifeln: „Aber . . . im Himmel ist doch vielleicht ein Muster aufgestellt für den, der sehen will, und nach dem, was er sieht, sich selbst einrichten“ (Politeia 592 b). Wenn aber die Disparatheit von philosophischer und wirklicher Polis nur eine kosmische oder eine urgeschichtliche Versöhnung zuläßt, welcher Dialektiker soll dann seinem in dieser Polis ihm zugewiesenen Amt auch nur von ferne gerecht werden?

Begrifflich war dies Scheitern in der Tat grundgelegt in der absoluten Entgegensetzung von Sichtbarem und Denkbarem. Damit ist indes noch nicht erklärt, aus welchem inhaltlichen Motiv dies theoretisch radikale Insistieren auf eindeutiger Identität der politischen Zielsetzung mit allen seinen Folgen herrührt. Dies erschließt sich vielmehr aus der Art, wie Platon die vom Mythos ungelöst hinterlassene Aufgabe der Versöhnung von Götter- und Menschenwelt auffaßt. Jene mythisch-halbherzige, daher niemals eingeklagte Identität von Olymp und Polis mußte, sobald Platon ihr den bloß nominalistischen Charakter nahm, als Inhalt einer logisch konsistenten Theorie eingestehen, daß sie nie etwas anderes war als der allzu unbekümmerte Schein solcher Identität. Störende Eingriffe hatte die Polis von diesem Mythos nicht zu gewärtigen. Nachdem aber Platon den Mythos kritisiert hatte, indem er ihn in seinem ursprünglichen Rechtsgedanken systematisch ernst nahm, konnte das Resultat nur eine mit der geschichtlichen Polis inkompatible Identitätsposition sein, die, als harmlos scheinende Trennung von Denkbarem und Sichtbarem dargestellt, entweder zur totalen Auflösung der geschichtlichen Polis oder zur totalen Desavouierung der Philosophie führen mußte. Platon ist entschlossen in die Bresche gesprungen, als der Mythos versagte; der entschiedene Antinominalismus, zu dem sich Platon dabei vom niedergehenden Mythos provozieren ließ, führte dazu, daß die philosophische Polis nur in Gedanken, jedoch nicht als geschichtliche Institution gegründet werden konnte.

§ 4. Platon, ›Politeia‹ (Buch X)
Die Austreibung der Dichter aus der Polis

Auch die nur in Gedanken erfolgte Errichtung der philosophischen Polis genügt schon, eine bestimmte kritische Abrechnung begründend zu fundieren: die Polis, in der die Philosophen Könige sind, hat für die Dichter zumindest in deren herkömmlicher Bestimmung keinen Platz mehr. Spruchreif scheint nämlich das Verbot der Dichtung, sofern sie „mimetisch" ist, sogar schon seit Einführung des Theorems der Seelenteilung (595 a); denn in ihrer Präsenzform, der Mimesis, und angesichts ihres Zieles, der Katharsis, ist Dichtung insofern ein „Verderb ... für die Seelen der Zuhörer" (595 b), als sie sich in dieser Definition unter Umgehung von Vernunft und Reflexion an den untersten Seelenteil wendet, und das mit zumindest latent enthusiastischem Anspruch. Der Nachweis der Sinnenbezogenheit der Dichtung ist für Platon unschwer zu führen. Als Inbegriff des der Vernunft Abständigen bedeutet Mimesis sinnfälliger Schein dessen, was an und für sich ist. In dieser allgemeinen Bedeutung wird Mimesis zum Leitbegriff der Verurteilung der Dichtung, und zwar vermittelt über jenen prägnanten Sinn von Mimesis, der es rechtfertigt, den mimetischen Dichter „als ein Seitenstück zu dem Maler" aufzustellen (605 a): Mimesis bedeutet ursprünglich Tanz[13] und definiert als solche allerdings insofern die Dichtung, als diese in dem Götter und Heroen ver-

[13] H. Koller, Die Mimesis in der Antike, Bern 1954, 38 und passim.

körpernden Gebärdentanz des Rhapsoden oder Tragödienschauspielers präsent ist. Aus dieser Plastizität rührt die Nähe der Dichtung zur Malerei, welche gleichfalls Mimesis ist, sofern sie artifizielle Werkzeuge gebraucht, während Dichtung Mimesis ist, sofern sie den Leib des Dichters zum Werkzeug nimmt, „wenn jemand ... seines eigenen Leibes sich bedienend, deine Gestalt oder deine Stimme mittels der seinigen ganz ähnlich erscheinen macht" [14]. Diesen Zusammenhang hat Simonides von Keos auf die knappe Formel gebracht: Malerei ist schweigende Dichtung und Dichtung redende Malerei.

Dieser äußerlich feststellbaren Sinnenbezogenheit der Mimesis entspricht ihre innere Verfassung. In den ›Nomoi‹ (719 c) führt Platon eine alte Überlieferung an, die besagt,

> daß der Dichter dann, wenn er auf der Muse Dreifuß sitzt, seiner Besinnung nicht mächtig ist, sondern gleich einer Quelle das auf ihn Eindringende willig ausströmen läßt. Und da seine Kunst Mimesis ist, so sieht er sich genötigt, indem er uns Menschen von einander widersprechender Gesinnung vorführt, oftmals ihm selbst Widersprechendes zu sagen, weiß aber nicht, ob das eine oder das andere des Gesagten wahr ist.

Diese enthusiastisch vernehmende Mimesis umgeht nun die Vernunftkontrolle im selben Maße wie die alltäglich erkennende Mimesis, die sich distanzlos auf jeden sie beeindruckenden Gegenstand einläßt: wiehernde Pferde, brüllende Stiere, rauschende Flüsse, brausende Meere, Donner, Sturm, Hagel, Achsen, Räder, Trompetentöne, Hundegebell, Schafsblöken und Vogelstimmen.[15]

Eine erkenntnistheoretisch derart abqualifizierte Mimesis wird ihre praktische Bewährungsprobe kaum besser bestehen. Die These, daß die Dichtung als Mimesis bloß Schein nach Maßgabe der Willkür hervorbringt, bestätigt ein Vergleich der Produkte des Handwerkers und des Malers. Während der eine Handwerker nur Betten und der andere nur Tische herstellt, macht der Maler, die Dinge gleichsam im Spiegel einfangend, alles — alle Geräte, alle Pflanzen und Lebewesen, auch sich selbst, schließlich Götter, Himmel, Erde, Hades ... (596 b—c). Vor der Wahrheit der Techne, die ihr Werk in ausdrücklicher Beschränkung auf eine bestimmte Zuständigkeit vollbringt, wird deutlich, daß die Universalzuständigkeit der Mimesis niemals auf enthusiastischer Eingabe beruhte, sondern allenfalls auf deren Vortäuschung. Wenn daher folgerichtig der Mimesis nicht allein die Fähigkeit enthusiastischen Verneh-

[14] Stellenbelege: Sophistes 267 a, Politeia 601 a, Epinomis 975 d.
[15] Stellenbelege: Kratylos 423 c, Politeia 396 b und 397 b.

mens, sondern auch der Charakter einer Techne bestritten wird, so verbleibt ihr lediglich die Rolle einer Pseudotechne der Hervorbringung von Trugbildern (599 a). Dies vorausgesetzt, stellt nun Platon die mimetisch täuschende Dichtung dar, wo ein Ausweichen auf Scheinprodukte nicht möglich ist, gleichwohl aber von den Dichtern eine nur ihnen eigene, verifizierbare Leistung beansprucht wird, wenn anders sie „alle Künste verstehen, und alles Menschliche, was sich auf Tugend und Schlechtigkeit bezieht, und das Göttliche dazu“ (598 d—e). Diesen Anspruch desavouieren jedoch gerade die vornehmsten Gegenstände homerischer Dichtung: „Kriege und Führung von Feldzügen, Anordnung der Städte und Bildung der Menschen.“ Wäre Homer der „Anordnung der Städte“ kundig gewesen, so müßte ihn eine Polis als ihren Gesetzgeber nennen; wäre Homer kriegserfahren, so müßte man von einem Krieg wissen, den er glücklich zu Ende gebracht hätte; und war Homer wahrhaft ein Lehrer, so müßten Schüler, die ihm nachfolgten, bekannt sein (599 c ff.). Angesichts dieses Versagens vermag die Dichtung allenfalls beim sinnlichen Meinen auf Resonanz zu stoßen; denn in der Tat erweist sich der schlechteste Seelenteil als diejenige Größe, „worauf im Menschen (dieses Nachbilden) die Kraft äußert, die es hat“ (602 c). Wenn aber allein die sinnliche Unmittelbarkeit der Dichtung hörig ist, so muß sie vor den Kriterien der Vernunft — Zahl, Maß und Gewicht (602 d) — notwendig versagen. Die Anwendung der Seelenteilung auf die Dichtung läßt somit deutlich werden, daß diese unfähig ist, die Polis den Forderungen der Vernunft gemäß zu tragen. Angesichts der Herrschaft von Vernunft und Gesetz erscheint die auf die Dichtung gegründete Polis als geschichtlich überwundene Stufe. Eine Rückkehr zur mythischen Dichtung verbietet sich ebenso endgültig wie eine Therapie vermittels der Threnodie, jenes archaischen Heilverfahrens durch Jammer und Klage, das die wissenschaftliche Medizin zum Verschwinden gebracht hat (604 d).

Dieser Nachweis der Nichtigkeit der Mimesis ist als aufklärendes Heilmittel (595 b) gegen deren schädliche Wirkung, die Katharsis, gedacht. Wer Platons Gedankengängen gefolgt ist, kann sich in der Tat nicht mehr in ungebrochener Naivität kathartischen Stimmungen hingeben. Genau das Gegenteil geschieht aber in der Polis:

Auch die Besten von uns, wenn wir den Homeros hören oder einen anderen Tragödiendichter, wie er uns einen Helden darstellt in trauriger Bewegung und eine lange Klagerede haltend, oder auch singende und sich heftig gebärdende: so wird uns wohl zumute, wir geben uns hin und folgen mitempfindend, und die Sache sehr ernsthaft nehmend, loben wir den als einen guten Dichter, der uns am meisten in diesen Zustand versetzt. (605 c—d)

Platon sieht in der Katharsis eine Bedrohung aller Bildung, wenn „das von Natur Beste in uns, weil noch nicht hinreichend durch Wort und Sitte gebildet, in der Achtsamkeit auf dieses Tränenreiche nachläßt" (606 a). Würde aber dergleichen bei Unterschlagung der Erkenntnisse der Seelenteilungslehre geduldet, „so werden Lust und Unlust im Staate das Regiment führen statt des Gesetzes und der jeweils von der Gesamtheit für das beste gehaltenen vernünftigen Gedanken" (607 a). Auch dieser Zusammenhang ist keineswegs konstruiert; denn die für kritiklose Empfänglichkeit disponierende Katharsis hat ihr politisches Korrelat in jener rhetorischen Kunst, die durch mitleiderregende Szenen [16] und Redepassagen [17] distanzierte Vernunfterwägungen wirkungslos machen will. Platon kann daher nicht wie eine Generation später Aristoteles der Katharsis zubilligen, sie sei lediglich ein harmloser, nur innerlich widerfahrender Zustand, der für das Handeln in der Polis keine Bedeutung habe. Dies gilt um so mehr, als dank der enthusiastischen Ansprüche der Katharsis die Unvernunft sinnlicher Rage sich auch noch auf eine scheintheologische Rechtfertigung berufen konnte. Platon mußte also die Dichter aus seiner Polis verbannen, nachdem für ihn weder theologisch noch politisch die Voraussetzungen gegeben waren, der Katharsis ihre Unschädlichkeit zu attestieren. Die Zeit für eine rehabilitierende Rettung der Katharsis im Sinne des Aristoteles war noch nicht reif, als Platon die ›Politeia‹ niederschrieb; aber selbst, wenn dies der Fall gewesen wäre, scheint fraglich, ob Platon der Rehabilitationsbegründung seines Schülers gefolgt wäre.

§ 5. Die Differenz der aristotelischen und der platonischen Rehabilitierung der Katharsis

Platons kritische Aburteilung der mimetischen Dichtung wurde schließlich revisionsfähig, als Aristoteles dieser in seiner ›Poetik‹ eine andere Richtigkeit als die der Politik oder einer Techne zuwies (1460 b 13 ff.). Eine Hirschkuh mit Hörnern (1460 b 30) ist dann ebensowenig ein Einwand gegen die Kunstgerechtigkeit eines Werkes wie ein Porträt, das schöner oder häßlicher ausfällt als das Original (1448 a 1 ff.). Und endlich ist es dann einer Tragödie auch erlaubt, den Handlungsknoten nicht nach Gerechtigkeitsprinzipien aufzulösen, sondern den Umschlag in Glück oder Unglück nach seiner kathartischen Wirkung zu

[16] Stellenbeleg: Apologie 35 b.
[17] Stellenbeleg: Phaidros 272 a.

berechnen (1452 b 34 ff.). Zugleich sei es, wie Aristoteles fast beiläufig bemerkt, nicht mehr angemessen, über mythische Theologumena noch ernsthaft zu disputieren.[18] Zwar bleibt auch für Aristoteles Homer noch der göttliche Homer (1459 a 30), aber nicht als Theologe, sondern sofern er die Regeln der Dichtkunst in Disposition und Stil seines Werkes vorbildlich eingehalten hat. Der erfolgreiche Dichter verdankt dann das Gelingen seines Werkes nicht der Eingabe der Musen, sondern seinem nach lernbaren Regeln geformten Talent. Zugleich muß dann aber Aristoteles das Medium dieser Kunst, die Mimesis, auf andere als theologische Wurzeln zurückführen. Für ihn bringt der Mensch als Naturanlage eine charakteristische Freude am „Nachahmen" in Tänzen und Sprüngen sowie am lernenden Wiedererkennen des in der Nachahmung dargestellten Gegenstandes mit; und diese Naturanlage wiederum ist in Epos und Tragödie ethisch geformt (1448 b 4 ff.). Aristoteles erklärt mithin die Mimesis in ihrer Formierung zur Tragödie ausdrücklich nicht theologisch, sondern „anthropologisch". Nur unter der Bedingung dieser bestimmten theologischen und politischen Voraussetzungen konnte also erstmals in der europäischen Literatur eine Poetik erscheinen.

Wenn aber Mimesis dezidiert nicht mehr Universalprinzip ist, dann ist es auch an der Zeit, sie angesichts ihrer Wirkung, der Katharsis, einer Neueinschätzung zu unterziehen. Die kathartische Lust ist für Aristoteles ausdrücklich nicht mehr Symptom politischer Korruptheit, sondern — weitaus bescheidener — lediglich die bestimmte, der Tragödie eigene Lust, die der Dichter, die Handlung entsprechend disponierend, aus Furcht und Mitleid durch Mimesis erzeugt (1453 b 10—14). Diese für sich genommene kathartische Lust hat Aristoteles ironischerweise gerade in seiner ›Politik‹ eigens für unschädlich erklärt (1342 a 16). Im selben Werk (1342 a 4 ff.) gibt Aristoteles auch eine ausführliche Beschreibung des fraglichen Phänomens:

> Der Affekt findet bei allen Gemütern statt ..., der Affekt des Mitleids, der Furcht und ebenso der Begeisterung (ἐνθουσιασμός); denn auch zu diesem Gefühl sind einige Personen stark geneigt (κατοκώχιμος). Infolge der heiligen Gesänge aber sehen wir diese Leute, wenn sie die das Gemüt sänftigenden Weisen vernehmen, ... wieder zur Ruhe kommen. Dieselbe Wirkung müssen nun auch solche empfinden, die besonders mitleidig oder furchtsam oder sonstwie disponiert sind ...: sie alle erfahren notwendig eine wohltuende Reinigung (κάθαρσις) und Erleichterung mit Lust.[19]

[18] Metaphysik 1000 a 18 f.

[19] Zitiert nach der Übersetzung von E. Rolfes, Philosophische Bibliothek, Band 7, Hamburg ³1958.

Die in diesem Passus auftretenden theologischen Ausdrücke halten noch eine matte Erinnerung an den alten Sinn der kathartischen Lust wach, an jene von der archaischen Weltdichtung verheißene Totalversöhnung, der Aristoteles indes mißtraut. Dem Spatz in der Hand den Vorzug einräumend, setzt er statt dessen auf Aussöhnung für den Augenblick, deren Leistung folgerichtig nicht mehr theologisch, sondern vielmehr medizinisch bestimmt wird. Die von Platon als nutzlos verdammte Freude am Spielerischen (παιδιά) bestimmt Aristoteles neutral als eine „Bewegung der Seele" (1337 b 42). Diese innere Bewegung wiederum bedeutet gleichsam Heilung (1339 b 17) durch Lusterregung, die man wie ein Heilmittel (1337 b 41) dosierend „anwendet" (1337 b 41/ 1342 a 9). Vermittels dieser medizinischen Metaphorik beschreibt Aristoteles die positive Leistung der Katharsis als innerseelischen Reinigungsvorgang, der die Wirkung der Mimesis als ein für die Antike fortan unverzichtbares Gut legitimierte: Katharsis ist nicht mehr Mittel vernunftfeindlicher Bestärkung affektiven Handelns, sondern vernunftfördernder Regulierung der Affekte. Negativ bleibt Katharsis mithin auch als nunmehr bloß innerseelischer Reinigungsvorgang durchaus noch auf die öffentliche Mitte der Polis bezogen.

Daß eine Generation nach Platon diese Rehabilitierung der kathartischen Dichtung möglich war, könnte nun zu der Annahme verleiten, Platons Theorie der Dichtung sei angesichts bestimmter Umwälzungen zwar zeitweilig eine notwendige Theorie gewesen, aber entbehrlich geworden, als der Gewinn der Umwälzung nicht mehr gefährdet schien. Dem hätte Platon selber jedoch entschieden widersprochen, nachdem unterdessen seine radikale Negation der Katharsis als Ausdruck unmittelbaren Ernstnehmens ihres ursprünglichen theologischen Sinnes in die positive Forderung, diesen dann auch ungeteilt zu erfüllen, umgeschlagen ist. Daher wäre auch Generationen später Katharsis als Medium partieller Versöhnung für den Augenblick von Platon sicher nicht akzeptiert worden. Dies macht die platonische Version von rehabilitierter Katharsis im ›Phaidros‹ deutlich; dort schildert Platon am Bilde der Mysterieneinweihung die Reinigung der Seele von „Hiesigem", die sie bei der Wiedererinnerung an das vor der Geburt geschaute Schöne erfährt:

Wer aber noch frische Weihung an sich hat und das Damalige vielfältig geschaut, wenn der ein gottähnliches Angesicht erblickt oder eine Gestalt des Körpers, welche die Schönheit vollkommen darstellen, so schaudert er erst, und es wandelt ihn etwas an von den damaligen Ängsten, hernach aber betet er sie anschauend an wie einen Gott, und er fürchtet nicht den Ruf eines übertriebenen Wahnsinns, so opferte er auch, wie einem heiligen Bilde oder

Gotte, dem Liebling. Und hat er ihn gesehen, so überfällt ihn, wie nach dem Schauder des Fiebers, Umwandlung und Schweiß und ungewohnte Hitze. (251 a—b)

Die Symptome der Entrückung stimmen offensichtlich nur äußerlich mit denjenigen im Theater überein; in Wahrheit figurieren sie als Metaphern der von Platon gemeinten kosmischen Versöhnung ohne zeitliche Grenzen und ohne irdische Brechung. Platons Weltversöhnung als universelle Katharsis ist qualitativ deutlich verschieden von der medizinisch interpretierten Katharsis des Aristoteles. Jene Totalversöhnungstheorie darf jedoch um ihrer Integrität willen ein bestimmtes, von Aristoteles ausgeklammertes Thema ihrerseits nicht umgehen; und dies ist das Thema des Todes: entweder scheitert nämlich der Wille zu ungeteilter Aussöhnung am Phänomen des Todes, oder dieser ist als wahres Ziel der Philosophen mit jenem Willen identisch. Konsequenterweise bekennt sich Platon in der Tat zu der letzteren Möglichkeit. Im ›Phaidon‹ (67 d—e) läßt er Sokrates kurz vor seiner Hinrichtung die „Befreiung und Absonderung der Seele von dem Leibe“ zum „Geschäft der Philosophen“ erklären, die also ausdrücklich „zu sterben trachten“, statt im Anblick des Todes „sich ungebärdig stellen“ dürften. Dann aber kann die Aussöhnung nur bruchlos gelingen, wenn das Weiterleben der Seele nach dem Tode als natürliche Tatsache spekulativ demonstriert ist. Obgleich nun nach Platons Überzeugung die im ›Phaidon‹ vorgetragenen Unsterblichkeitsbeweise diesem Erfordernis genügen, gipfelt doch der Dialog in einem sehr ausführlichen Mythos über die Jenseitstopographie, den Sokrates sich „beschwörend zusingt“ (114 d), um das während der Beweisgänge stets gegenwärtige Mißtrauen in ihre Verläßlichkeit (107 b) nunmehr endgültig auszuräumen.

Diese Wendung von einer bescheidenen zu einer expansiven Rehabilitierung der Katharsis macht nun deutlich, daß Platons Philosophie nicht in erster Linie spekulative Wissenschaft ist, sondern praktisch-theologische Zielsetzung. Dies Bekenntnis zum Primat der praktischen Vernunft vor der theoretischen dürfte jedoch kaum das Platon von anderen Philosophen unterscheidende Merkmal sein; dies liegt vielmehr darin, daß Platon um des Zieles ungeteilter Weltversöhnung willen die absolut bruchlose Einheit von Theorie und Praxis will. Nicht die Universalität der Thematik ist dabei der kritische Punkt, sondern ihre totalisierende Ausführung, die notwendig auf Kosten der Differenzierung geht und zu unvermeidlichen Ambivalenzen führt. Platons Schritt, die dichterische Katharsis, die als Ganzes versagt hatte, durch philosophische Katharsis, die als Ganzes gelingen sollte, zu ersetzen, hat zwar offiziell zur Austreibung der Dichter durch die Philosophen geführt; gleichwohl fragt sich, ob nicht gerade damit der Philosoph in Wahrheit den Dichtern den Kranz verliehen hatte, die doch zur Erreichung seines Zieles, Menschen- und Götterwelt kosmisch zu versöhnen, mehr als nur additive Beihilfe leisten mußten. In einem Aufsatz ›Von einem neuerdings erhobenen vornehmen Ton in der Philosophie‹ (1796) hat Kant diesen Vorwurf ausgesprochen und begründet: Platon mußte

Anschauungen a priori für uns Menschen annehmen, welche aber nicht in unserem Verstande ihren ersten Ursprung hätten ..., sondern in einem solchen, der zugleich der Urgrund aller Dinge wäre, d. i. dem göttlichen Verstande.

Diesem Verstande sich wenigstens indirekt zu nähern, habe Platon, über die Mathematik philosophierend, jene „intellektuelle Anschauung" entwickelt, um „Überschwenglich-Großes zu sehen" und Sphären zu eröffnen, „wo denn das Dichtertalent Nahrung für sich findet, im Gefühl und Genuß zu schwärmen"[20]. Dieser Sieg der Dichtung über die Philosophie im Namen archaischer Ungebrochenheit hat jedoch nicht nur seinen intern spekulativen Aspekt, sondern auch seine politische Seite. Die zum System totaler Identität genötigte Vernunft kann nicht das, was ist, begreifen, sondern diesem lediglich en bloc als dem total Negativen mißtrauen. Weder lehrt nämlich die absolut gerechte Polis etwas über die Möglichkeiten der geschichtlichen Polis, noch nennt zu Dialektik gesteigerte Rhetorik ihre Agora, auf der die dort Versammelten sich von der Philosophie überzeugen lassen. Das authentische Ziel der platonischen Metaphysik ist damit verfehlt. Platons Appell am Ende des ›Phaidros‹ (278 c—e), Dichtung, Rhetorik und Gesetzgebung fänden ihre wahre Gestalt nur als Ausübung philosophischer Dialektik, bleibt bloßes Postulat, das indes auf einen Zusammenhang der Vergeblichkeit verweist: wenn nämlich die totale Verwandlung von Dichtung in Philosophie mißlingt, dann mißlingt auch die totale Verwandlung von Politik und Rhetorik in Dialektik.

§ 6. Platon, ›Theaitet‹
Die Überführung des Homo-mensura-Satzes

Im Prinzip boten sich dem platonischen Spätwerk zwei Auswege an, die ungelösten Probleme der ›Politeia‹ zu bewältigen, nämlich entweder

[20] I. Kant, Werke, Band VI 479—481, ed. E. Cassirer.

bei einer Fundamentalkritik der eigenen Identitätsposition anzusetzen oder aber nach Revision der Thesen über Wahrnehmbares, Schein und Sophistik das Grundkonzept lediglich insoweit zu ändern, wie es erforderlich schien, um endlich zu stellen, was sich bislang dem Zugriff der Philosophie ohne eigene Anstrengung entziehen konnte. Gleich im ›Theaitet‹ zeigt nun Platon an, daß er sich für den letzteren Weg zu entscheiden gedachte. Folgerichtig lautet Platons erkenntnistheoretische Ausgangshypothese, daß eine pauschale Verrechnung des von der Sophistik verabsolutierten Sichtbaren als des schlechthin Begriffslosen die sinnliche Welt in ihrer Dynamik, ihren immanenten Widersprüchen und Grenzen keineswegs schonungslos genug erklärt. Dies positiv zu erhärten, dient die Erörterung der im Dialog zuerst geprüften These, Wissen sei Wahrnehmung (151 e), und zwar bei ständiger Aufmerksamkeit auf die praktischen Probleme, um derentwillen die erkenntnistheoretische Diskussion geführt wird.

Die mit der These, Wissen (ἐπιστήμη) sei Wahrnehmung (αἴσθησις), anvisierte Theorie ist der Homo-mensura-Satz des Protagoras, demgemäß „Wahrheit" nicht im An-und-für-sich-Sein der Dinge liegt, sondern darin, wie immer die Dinge jedem einzelnen — dir und mir — erscheinen mögen (152 a). Das bedeutet objektiv:

> ... durch Bewegung und Veränderung und Vermischung untereinander wird alles nur, wovon wir sagen, daß es ist, es nicht richtig bezeichnend; denn niemals ist eigentlich irgend etwas, sondern immer nur wird es. (152 d)

Und nachdem Protagoras hiermit die offenkundige Selbsttäuschung der Seinslehre auf eine falsche Suggestion des Sprachgebrauchs zurückgeführt hat, sichert er seine Theorie noch unter Berufung auf Homer als vera theologia ab, sofern der Dichter unter der „goldenen Kette" nichts anderes „versteht als die Sonne und also andeutet, solange der gesamte Umkreis in Bewegung ist und die Sonne, solange sei auch Alles und bleibe wohlbehalten bei Göttern und Menschen ..." (153 c—d). Nach dieser theoretischen Klärung bleibt jedoch eine gerade Protagoras persönlich betreffende praktische Frage offen:

> wie soll denn wohl ... nur Protagoras weise sein, so daß er mit Recht auch zum Lehrer anderer angenommen wird, und das um großen Lohn, wir dagegen unwissender, so daß wir bei ihm in die Schule gehen müssen, obwohl doch jeder Mensch das Maß seiner eigenen Wahrheit ist? (162 d—e)

Und mit der Antwort, um die Protagoras keineswegs verlegen ist, hat der Dialog den Boden einer rein erkenntnistheoretischen Erörterung schon verlassen: die Weisheit, deretwegen wir in seine Schule gehen könnten, bezieht sich auf die gute Verwaltung der Polis, zu der die sophistische Lehre als quantitativ überlegenes Wissen einen nicht unerheblichen Beitrag leistet.

Denn ich behaupte zwar ..., daß ... ein jeder von uns das Maß dessen sei, was ist und was nicht, daß aber dennoch der eine unendlich viel besser sei als der andere, eben deshalb, weil dem einen dieses ist und erscheint, dem anderen etwas anderes. Und weit entfernt bin ich, zu behaupten, daß es keine Weisheit und keinen Weisen gebe; sondern eben den nenne ich gerade weise, welcher, wenn einem unter uns Übles ist und erscheint, die Umwandlung bewirken kann, so daß ihm Gutes erscheine und sei. (166 d—e)

Wie nun der Arzt durch Arzneien die Änderung zum Besseren erreicht, so der Sophist durch Reden (167 a). Dann ist es dem guten Redner zu danken,

daß den Staaten anstatt des Verderblichen das Heilsame gerecht zu sein scheint. Denn was jedem Staate schön und gerecht erscheint, das ist es ihm ja auch, solange er es dafür erklärt; der Weise aber macht, daß anstatt des bisherigen Verderblichen ihnen nun Heilsames so erscheint und ist. Auf ebendiese Art ist nun auch der Sophist, der diejenigen, welche sich unterrichten lassen, so zu erziehen versteht, allerdings weise und würdig, große Belohnungen von den Unterrichteten zu empfangen. (167 c)

In seiner Kritik dieser sophistischen Politik opportunistischer Zweckmäßigkeit, deren Basistheorie der Homo-mensura-Satz ist, zeichnet nun Platon im folgenden das Bild der philosophischen Theorie, deren Mußeelement keineswegs Gleichgültigkeit gegen das Politische bedeutet, sondern lediglich Insistieren auf jener gewissen Distanz, ohne die das Ziel unerreichbar wäre, die bestehende Polis in eine göttliche Polis zu verwandeln. Die damit erklärte Zielsetzung involviert, daß weder das Lob der Muße als Rechtfertigung einer unpolitischen Lebensform gedeutet noch überhaupt diese Partie über die Freiheit der Theorie als Episode verstanden werden darf. Zur Explikation seines Mußebegriffs hält nämlich Platon dem noch so klugen Pragmatiker vor, daß das zweckmäßig Scheinende nicht höchstes Maß der Dinge sein könne, da es weder das Gerechte noch das Fromme erkläre (172 a—b). Diese Einsicht gelte es nun als Untersuchung über die Gerechtigkeit ins Positive zu kehren — und dazu hätte der Philosoph durchaus jene Muße (172 c), die den Rhetoren abgeht, wenn sie als Sklaven der Klepshydra (Wasseruhr) dem Herrn schmeicheln, der vor ihnen sitzt und alle Gewalt in Händen hält (172 e f.). Diese Abhängigkeit des Rhetoren verweist darauf, daß sich die Sophistik zu Unrecht mit dem souverän verordnenden Arzt verglichen hat, als sie prätendierte, die Polis richtungweisend in einen jeweils besseren Zustand zu führen. Unter dem Druck der Zeit und der Verhältnisse, die alle Bedenken außer dem Sinn für das Zweckmäßige haben verkümmern lassen, erweist sich die Sophistik schließlich als ohnmächtiger Reflex öffentlicher Unwahrheit. Die Vergegenwärtigung der Wahrheit, die der Polis als das Substanzielle zugrunde liegt, verlangt hingegen Distanz gegenüber ihrem Gewoge und Betrieb, eben die Muße des Philosophen, der Markt, Gericht, Volksbeschlüsse, Flötenspielerinnen und Adelsklatsch für nichtig erachtet (173 d), statt dessen „die Sterne betrachtend und überall jegliche Natur alles dessen, was ist, im ganzen erforschend, zu nichts aber von dem, was in der Nähe ist, sich herablassend" (173 e f.). Gewiß zeigt der Hinweis auf die thrakische Magd, die den bei dieser Gelegenheit in den Brunnen gefallenen Thales auslacht (174 a), daß Platon an den Bestimmungen der ›Politeia‹ über das Verhältnis von Theorie und Praxis im Prinzip unbeirrt festhält; aber zugleich gelingt es ihm doch, die sophistisch monopolisierte Wirklichkeit spürbarer zu kompromittieren: philosophische Kritik begnügt sich nicht mehr eskapistisch mit pauschaler Verurteilung, die im Grunde nur auf einen Freispruch hinausläuft; statt dessen gelang es, in die Sphäre der sinnlichen Welt durch kritische Rezeption der sie repräsentierenden Theorie einzudringen und als eine Macht mit höchst spezifischen Widersprüchen und Schranken zu denunzieren, deren Kennzeichen unstete Scheinaktualität statt Allgemeinverbindlichkeit, Opportunität statt Gerechtigkeit und Klepshydrazwang statt der Freiheit, ein Problem sachgerecht zu Ende zu diskutieren — insgesamt Mängel, die die Sophistik rechtfertigt, statt sie als Symptome ihres eigenen Elends zu begreifen. Diese Relativierung der Sophistik gelang indes nur deswegen, weil Platon nicht mehr aus der Sphäre der Ideenlehre Postulate an die Wirklichkeit herantrug, sondern diese von innen her angriff und zum Eingeständnis ihrer immanenten Widersprüche zwang. Damit aber konnte Platon auch bei konsequenter Wahrung seiner Prinzipien auf weitere Erfolge hoffen.

§ 7. Platon, ›Timaios‹
Kosmologie als Fundamentaltheorie

Mit der Annäherung ihres Verhältnisses zur Wahrnehmung haben Platons theoretische Fundamente auch sich selbst einem entsprechenden Wandel unterzogen. Äußerlich zeigt sich dies darin an, daß seit dem ›Timaios‹ Kosmologie Fundamentalphilosophie ist, während über die

Ideenlehre fortan Schweigen herrscht. Dies ist um so bemerkenswerter, als Platon damit eine Äußerung des Sokrates aus der ›Apologie‹ (19 c) widerruft, er habe sich nie mit Himmelserscheinungen befaßt und verstehe auch nichts davon. Plausibel ist diese Wendung gleichwohl, wenn nunmehr folgerichtig an die Stelle der nur denkbaren, aber nicht sichtbaren Ideen (rep. 507 b) der Sternenkosmos als sinnfällig gegenwärtiges Bild der gründenden Weltordnung tritt. In einem damit erfährt das Wort Theorie einen charakteristischen Bedeutungswandel: einst „Betrachtung" musischer und gymnastischer Festspiele zu Ehren der Götter, definiert sich Theorie nunmehr als „richtige Betrachtung des Kosmos" (Epinomis 977 b), und dies in der Gewißheit, daß die Götter sich der vernehmenden Betrachtung nicht mehr in den Arenen Olympias, sondern am Sternenkosmos zeigen.[21] Platon kann daher davon ausgehen, im Kosmos endlich jenes Fundament gefunden zu haben, in dem sich Sichtbarkeit und Denkbarkeit vermitteln: „Der Leib des Himmels ... ist ein sichtbarer, die Seele aber unsichtbar, doch des Denkens und des Einklanges teilhaftig" (Timaios 36 e). Angesichts dieser Bestimmung muß es für Platon mehr als verlockend sein, dem Phänomen des Kosmos noch ausführlicher nachzugehen.

Der Demiurg des Kosmos, so heißt es, war darauf bedacht,

> ein bewegliches Bild der Unvergänglichkeit zu gestalten, und machte, dabei zugleich den Himmel ordnend, dasjenige, dem wir den Namen Zeit beigelegt haben, zu einem in Zahlen fortschreitenden unvergänglichen Bilde der in dem Einen verharrenden Unendlichkeit. Da es nämlich, bevor der Himmel entstand, keine Tage und Nächte, keine Monate und Jahre gab, so ließ er damals, indem er jenen zusammenfügte, diese mit entstehen; diese aber sind insgesamt Teile der Zeit ... (37 d—e)

Und wenn die Zeit derart die Unvergänglichkeit nachbildet und die Kreisläufe nach Zahlenverhältnissen beschreibt (38 a), so kann sie erst zugleich mit der Schaffung der Gestirne entstanden sein (38 b—c). Mit der dank dieser Deutung der Zeit vorbereiteten sittlichen Anwendung der theologischen Kosmologie nimmt Platon unter einem neuen Gesichtspunkt das Grundproblem seiner Philosophie auf, die Frage nach der Gegenwart des Absoluten. Dies macht die Begründung des Lobes auf die Sehkraft deutlich, die im ersten Zugreifen die Vermitteltheit der Kosmologie fundiert:

[21] Für Platon ist der Satz, daß die Himmelskörper nicht Mineralien, sondern göttliche Wesen sind, Grundvoraussetzung der Möglichkeit einer natürlichen Theologie (vgl. Sophistes 265 ff., Nomoi 886 d).

Nun ... haben der Anblick von Tag und Nacht, der der Monate und der Jahre Kreislauf die Zahl erzeugt und den Begriff der Zeit sowie die Untersuchungen über die Natur des Alls uns übermittelt. Und hieraus haben wir uns verschafft das Wesen Philosophie. (47 a)

Und als Zweck dieses vermittels der Sehkraft bewußten Gutes gelte folgendes:

Gott habe das Sehvermögen ersonnen und uns verliehen, damit wir beim Erschauen der Kreisläufe der Vernunft am Himmel sie für die Umschwünge unserer eigenen Denkkraft benutzten, welche jenen, die regellosen den geregelten, verwandt sind, und, nachdem wir sie begriffen und zur naturgemäßen Richtigkeit unseres Nachdenkens gelangten, durch Nachahmung der durchaus von allem Abschweifen freien Bahnen Gottes unsere eigenen, dem Abschweifen unterworfenen danach ordnen möchten. (47 b—c)

Entsprechendes gilt auch für Stimme und Gehör:

Soviel aber von der Musenkunst der Stimme nützlich ist, das wurde zum Hören des Einklanges wegen geschenkt, und der Einklang, welcher den Bewegungen unserer Seele verwandte Schwingungen in sich schließt, ist demjenigen, welcher vernünftig und nicht zu zweckloser Lust, welche jetzt für den damit verbundenen Gewinn gilt, sich den Musen hingibt, von ihnen zum Beistande verliehen, den in uns entstandenen ungeregelten Umlauf der Seele zu ordnen und mit sich selbst in Einklang zu bringen. (47 d)

Die Gegenwart des Absoluten hängt daran, daß Mathematik als kosmologische Astronomie die göttliche Ordnung der Gestirne als Muster politischer Ordnung abbildet. Aus dieser Einsicht erwächst sowohl der Ideenlehre als erst recht der atomistischen Physik und der bloß sinnlichen Musik der Vorwurf, jene Gegenwart zu blockieren. In der ›Politeia‹ (529 a—b) hatte es noch geheißen: Zwar zögen die Sterne die Seele vom Diesseitigen fort nach oben, aber nicht anders als wenn man auf ein Deckengemälde blickt und dabei eben nur die Augen und nicht die Vernunft betätigt, während der eigentliche Blick nach oben das Unsichtbare erkennen soll. Solche Beschränkung der Sinnlichkeit ist der Atomistik nur willkommen, wenn sie die Gestirne nicht als Götter, sondern als durch Natur oder Zufall zusammengesetzte Mineralien bestimmt. Mit Zustimmung der Ideenlehre behauptet sich die atheistische Physik, wird sie doch zumindest innerhalb des phänomenalen Kosmos nicht von theologischen Auflagen behelligt. Genau damit gibt sich aber antiker Atheismus zufrieden. Erst der Kosmos, der als Bild des Denkbaren wahrnehmbarer Gott ist (92 c), und den der Demiurg im Blick auf ein ewiges Urbild schuf, entzieht der Physik den Boden. Aus dieser Gegnerschaft erklärt sich auch die methodische Vorbemerkung des „Timaios", er wolle nicht ein notwendiges und exaktes

System vortragen, sondern einen wahrscheinlichen Mythos (29 c—d). Platon widerspricht damit sowohl der theologieabstinenten Physik[22] wie der mythischen Weltdichtung, die naiv genug ist, ihren Mythos wörtlich und nicht im Sinne des Wahrscheinlichen zu verstehen. Mit der atheistischen Physik widerlegt Platon schließlich strukturgleich die bloß sinnliche Musik, die ja unter der Bedingung eines für ungöttlich erklärten Weltalls gerechtfertigt wäre, ihre sittliche Relevanz preiszugeben. Dieser Widerlegungszusammenhang wurde möglich, nachdem in der Kosmologie, die erstmals der ›Timaios‹ als prima philosophia vorträgt, die Ideenlehre aufgehoben wurde, eigens um deren Sinn besser zu erfüllen. Die Leistung der Kosmologie liegt dann einerseits darin, daß sie mit der Überwindung des „Chorismos" in der ›Politeia‹ die Gegenwart des Absoluten behauptet; andererseits gelingt in einem Zuge damit die Rückbindung der Sinnlichkeit an die Vernunft, ein Schritt, der zugleich atheistischer Physik und emanzipierter Musik den Boden entzieht. Die Überbietung der Ideenlehre koinzidiert mit der Widerlegung des Atheismus samt der diesem zugehörigen Musik. Und mit dieser Leistung ist die zentrale Stellung der Kosmologie in den „Nomoi" und seitdem in der gesamten hellenistischen Theologie hinreichend gerechtfertigt.

§ 8. Platon, ›Sophistes‹
Die Bloßstellung des Sophisten

Nach der erkenntnistheoretischen Revision des ›Theaitet‹ und des ›Timaios‹ sind die Voraussetzungen für die konkrete Arbeit an der Vermittlung von Politik und Metaphysik endlich aussichtsreicher. Gelingt es, den einst entkommenen Sophisten zu stellen, und zwar durch den Nachweis, daß seiner Deutung politischer Wirklichkeit nicht die ganze, sondern nur eine bestimmte Wirklichkeit entspricht, so wäre die Antithese von Unwirklichkeit philosophischer Vollkommenheitserwartung und Wirklichkeit sophistischer Vollkommenheitsverweigerung in die Wirklichkeit selbst hineinverlegt. Damit würde zugleich die Unterscheidung zwischen einer „sophistisch" präsenten Wirklichkeit und einer auf das absolute Ziel der philosophischen Polis zumindest verweisenden „politischen" Wirklichkeit möglich. Das Instrumentarium, dies Ziel zu erreichen, ist die zur dihairetischen Methode weiterentwickelte Dia-

[22] Die Kritik dieser Version von Physik hat Platon in den Nomoi, Buch X, fortgeführt; siehe dazu unten § 10.

lektik. Dihairetik bedeutet Kunst der Unterscheidung, an der Platon um des selbstkritischen Ansatzes willen liegt, die phänomenale Wirklichkeit nicht en bloc als bloßen Sinnenschein gegen das Absolute zu bestimmen, sondern als gradweis bessere oder schlechtere Teilhabe am Absoluten zu erkennen. Unter Wahrung ihres absoluten Standpunktes dringt dann die Philosophie differenzierend in die Wirklichkeit ein, nachdem das Totalverdikt dies Eindringen zunächst ausgeschlossen hatte.

Ihrer systematischen Absicht entsprechend begnügt sich Platons Aufspürung des Sophisten nicht mit der Aufzählung charakteristischer Merkmale, daß er etwa als Meister der Eristik sein Wissen um Honorar der lerneifrigen Jugend verkaufe, sondern Platon sucht ihn durch eine einzige Techne zu bestimmen (232 a). Darauf erscheint der Sophist in seiner allgemeinen Bestimmung als Subjekt einer allen Dingen zugewandten „Vortäuschungskunst", deren Erzeugnisse nicht sind, sondern nur zu sein scheinen: Bilder, Spiegelungen, Vortäuschungen, falsche Reden ... (233 c). Da es nun solche Vortäuschungen tatsächlich gibt, hat jedoch der Sophist schon dazu genötigt, „dem Nichtseienden wider Willen zuzugestehen, daß es irgendwie sei" (240 c), damit aber selbst auf die methodischen Voraussetzungen seiner Ergreifung verwiesen, wenn sich in der Tat durchfechten ließe, „daß sowohl das Nichtseiende in gewisser Hinsicht ist als auch das Seiende wiederum irgendwie nicht ist" (241 d). Andernfalls wäre „Sein" nicht als Prinzip vernünftiger Ordnung auf die sinnfällige Welt anwendbar. Ebendiese Voraussetzung dementieren indes die in eine wahre Gigantomachie gegeneinander verwickelten „Materialisten" und „Idealisten".

Die einen ziehen alles aus dem Himmel und dem Unsichtbaren auf die Erde herab, mit ihren Händen buchstäblich Felsen und Eichen umklammernd. Denn an alles dergleichen halten sie sich und behaupten, das allein sei, woran man sich stoßen und was man betasten könne, indem sie Körper und Sein für einerlei erklären; und wenn von den anderen einer sagt, es sei auch etwas, was keinen Leib habe, achten sie darauf gar nicht und wollen nichts anderes hören. (246 a—b)

Die Abwehr der Ideenfreunde erfolgt denn auch „von oben aus herab aus dem Unsichtbaren", wenn sie „gewisse denkbare und unkörperliche Ideen" für das wahre Sein ausgeben, während den Körpern lediglich „bewegliches Werden" zukomme (246 b—c). Ihre Einseitigkeit läßt sich beiden Positionen unschwer nachweisen. Die einen können den Leib nicht als beseelten Leib erklären (246 e), dem Gerechtigkeit, Vernünftigkeit und die übrige Tugend samt deren Gegenteil einwohnen (247 b); und den anderen entgeht, daß auch das unkörperlich Seiende in Bewegung ist, wenn anders Erkennen ein Tun ist und Erkanntwerden ein Leiden (248 d ff.).

Diese Gigantomachie machte die Verlegenheit bezüglich des Seins nicht geringer als bezüglich des Nichtseins (250 d—e). Und aus dieser Verlegenheit, die hinreichend deutlich als bezügliche gekennzeichnet ist, führt nur der Ausweg, das Sein als das jenseits des Gegensatzes von Ruhe und Bewegung Liegende zu bestimmen:

> ... das Seiende also ist, wieviel das übrige ist, soviel selbst nicht. Denn indem es jenes nicht ist, ist es selbst Eins, das unzählig viele übrige aber ist es nicht. (257 a)

Als dieses, und das macht den Gewinn aus, bleibt Sein sowohl mit Ruhe als Bewegung, den in sich unvereinbaren Gegensätzen, vereinbar (254 d). Gleichwohl dürfen im Sein als umgreifender Ordnung weder alle Unterschiede des „Vielen“ verschwinden noch zu atomistischer Beziehungslosigkeit aufgelöst werden (251 d). Totalaufgehobenheit und Atomistik führen zu denselben Konsequenzen, während zwischen beiden Möglichkeiten die dialektische Wissenschaft steht, das „Trennen nach Gattungen“ (253 d), d. h. der Art nach zu unterscheiden, „inwiefern jedes in Gemeinschaft treten kann und inwiefern nicht“ (253 e). Dialektik bedeutet so weder Abkehr von der sinnfälligen Welt noch Bejahung ihrer Unvermitteltheit, sondern differenzierende Zuordnung. In diesem Zusammenhang erhält die Kategorie des Verschiedenen (τὸ ἕτερον) zentrale Bedeutung: „... was wir jedesmal das Nichtschöne nennen, das ist von nichts anderem das Verschiedene als von der Natur des Schönen“ (257 d). Und dieser Erklärung zufolge gehört das Nichtschöne nicht minder zum Seienden als das Schöne (257 e). Vermittels der Kategorie des Verschiedenen unterwirft die Dialektik das der Vernunft Abständige der Gerichtsbarkeit der Seinsordnung, ohne indes mit solcher Ehrung schon dessen unverdiente Rehabilitierung auszusprechen. Endlich wird damit auch der Sophist mitsamt seiner Domäne, dem Nichseienden, das nunmehr als nichtseiendes Sein (259 b) bestimmt ist, aufspürbar. Platon hat die archaische Gegensatzlogik, die dem Sophisten die eindrucksvolle Berufung auf seine eigene Positivität gestattete, endgültig überwunden.

Nach der ontologischen Klärung greift nun Platon auf schon eingeführte Bestimmungen des Sophisten zurück. Als „Künstler im Streitgespräch“ (232 b), so hieß es, befaßt sich der Sophist mit göttlichen Dingen, Himmelserscheinungen, Gesetzen und Staatsangelegenheiten sowie den einzelnen Künsten (232 c—d). Da aber die methodisch zureichende Kenntnis so vieler Dinge unmöglich ist, muß Sophistik eine

Scheinkunst sein, gleichrangig mit allen anderen nachahmenden Darstellungen des „Mimetikers“, der „alle Tiere und Pflanzen ... und dazu noch Meer und Erde und Himmel und Götter und alles insgesamt“ in kurzer Zeit herstellt und für wenig Geld fortgibt (233 e f.). Diese Gleichrangigkeit von Sophistik und Mimesis ist schon von der ›Politeia‹ her geläufig; neu hingegen ist die Unterscheidung der Mimesis in „ebenbildnerische“, dem Gegenstand verpflichtete und „trugbildnerische“, perspektivisch täuschende Darstellung (234 b—236 c). Diese aus der zeitgenössischen Kunstdiskussion entlehnte Unterscheidung bereitet das Verhängnis des Sophisten vor, da sie ahnen läßt, daß der Sophist auch noch der schlechteren Form von Mimesis, absolut wertloser Spielerei (234 a) jenseits des relevanten Wirklichkeitsbereichs der Polis, zugeordnet wird. Nachdem also neben anderen Produkten des Scheins auch „Nachbildungen des Seienden“ und die zugehörige Täuschkunst ontologisch bezogen sind, wird der Sophist in der Tat der bloß trugbildhaften Mimetik zugewiesen (264 c—d). Mimesis ist dabei, wie aus Platons Erläuterungen (267 a) hervorgeht, im alten Sinne tänzerischer Darstellung mit Hilfe des ganzen Körpers verstanden. Damit enthält der endgültige Befund, der Sophist sei ein „Mimet des Weisen“, einen höchst handgreiflichen Sinn: der Sophist tritt auf wie ein Weiser, täuscht aber die von ihm erwartete Leistung des Weisen für die Polis nur vor. Diesen Vorwurf bestätigt die Dihairese: der Sophist ahmt „die Gestalt der Gerechtigkeit und der gesamten Tugend“ nicht als Kundiger, sondern als Nichtwissender nach, wenngleich nicht ohne Eindruck zu machen. Solche Vortäuschungen stammen einerseits von Einfältigen, die sich dessen unbewußt sind, andererseits von jenen Klugen, die sich wider besseres Wissen verstellen. Während unter den ersteren wohl die Dichter verstanden sein dürften, muß man bei den letzteren wieder unterscheiden: „der eine, der öffentlich und in langen Reden vor dem Volke sich zu verstellen versteht; der andere, der unter wenigen und in kurzen Sätzen seinen Mitunterredner zwingt, sich selbst zu widersprechen“ (268 a—b). Jener ist nicht wahrer Politiker, sondern Demagoge, dieser nicht Weiser, sondern Scheinweiser, eben „Sophist“, der eristische Spielereien für substanziell ausgibt. Mit der dihairetischen Zuordnung von Sophistik und Demagogie zum nämlichen genus proximum, der bewußten Verstellung, erhellt die Zusammengehörigkeit von bloß eristischer Spielerei und der dadurch indirekt unterstützten Demagogie, die von theoretischer Kritik unbehelligt bleibt, solange Weisheit nur als Scheinweisheit präsent ist. Wenn aber daraus ferner folgt, daß Sophistik ihr Korrelat nicht in der ganzen Wirklichkeit, sondern nur in der des Demagogen findet, so erhält derjenige Politiker, dessen Polis dem Gedanken der Philosophie offen ist, neue Chancen.

§ 9. Platon, ›Politikos‹
Der Philosoph in der Polis

Die im ›Sophistes‹ (217 a) angekündigte Bestimmung des Sophisten, Politikers und Philosophen verspricht nun der ›Politikos‹ (257 a) auch bezüglich der beiden letzteren einzulösen. Daß Platon dem keineswegs etwa in einer Trilogie nachkommt, um den Philosophen in einem eigenen Dialog zu bestimmen, lehrt etwas über dessen Rolle, die sich nicht im Eigenleben erfüllt, sondern in ihrer Bedeutung für die Polis. So wird der Philosoph in der Tat in Beziehung auf den Politiker definiert, also erst nach der Erörterung der Sphäre des Politischen. Der erste Versuch indes, dieses dihairetisch als das Menschenhütende zu bestimmen (267 c), schlägt fehl, da sich diese Bestimmung offensichtlich auf das Modell des göttlichen Menschenhirten stützt, der wie der Hirt in der Herde die Rolle von Ernährer, Arzt und Hebamme spielt und seine Herde mit lockender Hirtenmusik lenkt (268 a—b). Der so bestimmte Politiker hat aber seinen Ort, wie eine mythische Erzählung von den beiden großen Weltzeitaltern deutlich macht, nicht in der Epoche des Zeus, sondern in der vorpolitischen Welt des Kronos, als die Menschen unbeschwert in göttlicher Obhut lebten. Unter Zeus dagegen wurden die Menschen aus der Obhut der Götter entlassen, empfingen aber als Gabe von diesen die Künste, damit sie sich aus eigener Kraft schützen und ernähren konnten (274 b—d). Dieser Umschlag von einem ins andere Weltzeitalter rührt indes nicht aus böswilligem Versagen her, sondern ist die Konsequenz eines kosmischen Ereignisses,

> der Änderung im Aufgang und Untergang der Sonne und der anderen Gestirne, daß sie nämlich, von wo sie jetzt aufgehen, dorthin niemals untergingen und aufgingen auf der entgegengesetzten Seite. (269 a)

Und mit dieser kosmischen Umkehr ist auch das Ende des total geborgenen, „erdgeborenen“ (269 b) Menschen besiegelt. Dies aber ist nicht unbedingt ein Verhängnis. Denn da die „Pfleglinge des Kronos“ ihre reichliche Muße nicht dem philosophischen Gespräch, sondern leiblichen Genüssen und dem Anhören anmutiger Geschichten widmeten, so können sie nicht glücklicher gewesen sein als wir (272 b—d). Die Philosophie gehört mithin in die gegenwärtige Wirklichkeit der Gebrochenheit und des Abstandes gegen das umruhende Göttliche. Der Hymnus auf den göttlich-aristokratischen Urzustand in der ›Politeia‹ wird damit in seinem Sinn noch deutlicher: die saturnische Welt ist nicht Inkarnation wahrer Philosophie gegen das Zeuszeitalter; vielmehr ist gerade das gegenwärtige Zeitalter, in dem der Mensch aus dem Ganzen herausgefallen ist und für sich selbt sorgt (274 d), der Ort der Philosophie, die diese Entzweiung bewußt hält und damit den Menschen auffordert, seinen Besorgungen nicht ohne Rücksicht auf die Götter nachzugehen, so sehr dies auch im Jetzt angemessen erscheinen mag.

Angesichts der durch den Mythos offenbar gewordenen Spannung sind sowohl Philosoph als Politiker nicht eindeutige, sondern gebrochene Figuren. Der Philosoph ist weder Gott noch Mann, sondern laut Begrüßung am Eingang des ›Sophistes‹ (216 b) „göttlicher Mann“, und der Politiker, der die Polis in ihrer Hiesigkeit verwaltet, hält diese dem Göttlichen mindestens aus vorläufiger Annäherung (Mimesis) offen und kann daher auf die Anwesenheit des Philosophen nicht verzichten. Bezüglich des Politikers folgt also aus dem Mythos, daß er nicht der saturnische Allesbesorger sein kann: er ist nicht göttlicher Hirte, sondern menschlicher Fürsorger (276 d). Als solcher ist er nicht zuständig für die Befriedigung leiblicher Bedürfnisse (287 e ff.) und erfüllt auch nicht die Pflichten der Knechte, Kaufleute, Söldner, Herolde, Wahrsager und Priester (289 e ff.). Dank ihrer spezifischen Zuständigkeit, die mythische Modelle sprengt, leisten die Politiker das Ihre, wenn sie „nur Erkenntnis und Recht anwendend (den Staat) erhalten und aus einem schlechten möglichst besser machen“ (293 d—e). Daß Platon mit dem „möglichst besser“ keine Rehabilitierung sophistischer Relativität aussprechen will, zeigen die folgenden Erklärungen: jenes Ziel sei besser zu erreichen, „wenn nicht die Gesetze die Macht haben, sondern der mit Einsicht königliche Mann“ (294 a). Da nämlich ein Gesetz angesichts der Veränderlichkeit der menschlichen Dinge nicht für alle Zeit das jeweils Zuträgliche trifft (294 a—b), ist das Ideal der einsichtige König, der wie der Steuermann seine Kunst zum Gesetz macht (296 e f.). Weil aber der ideale Staatsmann selten anzutreffen ist, müssen wir die übrigen Verfassungen „als Nachahmungen setzen ..., deren einige besser, andere schlechter nachahmen“ (297 c). Da nun für solche Staaten Gesetzesänderungen, sollten sie sich als angeraten erweisen, gleichwohl in Ermangelung des wahrhaft Einsichtigen unterbleiben müssen, ist dieser Weg lediglich als „zweite Fahrt“ (300 c) anzusehen. Politik, die unter der Suprematie der Institutionen zur Technik der Administration wird, ist ein geringeres Übel als schlechte politische Initiative.

Also müssen jene Staaten, wie es scheint, wenn sie jenen wahren Staat des einen kunstmäßig Herrschenden aufs beste nachahmen wollen, wenn ihre

Gesetze einmal bestehen, niemals etwas tun, weder gegen die geschriebenen noch gegen die väterlichen Bräuche. (301 a)

Die Arbeit des ›Sophistes‹ hat ihre Früchte getragen. Die Alternative des philosophisch-unwirklichen und des unphilosophisch-wirklichen Staates ist überwunden. Wenn der wirkliche Staat durch Mimesis des absoluten Staates stets auf sein wahres Ziel verwiesen bleibt, so ist zwischen Postulat und Wirklichkeit jene Vermittlung hergestellt, die weder um einen Kompromiß noch um Resignation erkauft ist. In dieser Gesellschaft ist der Philosoph zwar eine unverzichtbare, aber doch vom „nachahmenden" Staatsmann unterschiedene Figur. Diese Unterscheidung begründet Platon, nachdem er zwecks Bestimmung der königlichen Kunst die unpolitischen Künste abgetrennt hat und unversehens den „größten Tausendkünstler unter allen Sophisten" (291 c) vor Augen sieht. Man versteht den Sinn dieses plötzlichen Auftritts nicht, ist sich dessen aber kaum bewußt, da zählt der Dialog schon nicht minder überraschend die herrschenden Staatsformen auf — Monarchie, Aristokratie, Demokratie, Oligarchie und Tyrannis, die insgesamt vom absoluten Paradeigma des Staates unterschieden sind (301 a ff.). Und nun folgt die Pointe: die gegenwärtigen Staatsformen sind alle „Mimesis" — mehr oder weniger gut nachahmende Vortäuschungen des absoluten Staates, und die Politiker als Vollstrecker dieser Vortäuschungen sind die größten Tausendkünstler und Sophisten, etwas Unvollkommenes für das Absolute auszugeben (303 c). Diese zugespitzte Kritik des Philosophen bedeutet, daß sich der am Modell der Mimesis dargestellte Staat seiner Vorläufigkeit bewußt bleibt; er erfüllt nicht die Vollkommenheitserwartung der Philosophie, ist aber auch nicht unvertraut mit dieser Erwartung, zumal die Nachahmung ja besser oder schlechter ausfallen kann. Der unphilosophische Staat, den die ›Politeia‹ allein als wirklichen kannte, ist durch den noch-nicht-philosophischen überholt. Und integrierender Bestandteil dieses Staates ist die Philosophie, die dieses Noch-nicht immer wieder in Erinnerung bringt. Während der Sophist distanzlos die Polis des Demagogen widerspiegelt, fordert der Philosoph die Polis des Politikós, auch dieser noch aus der Distanz begegnend, zur besseren Verwirklichung der Philosophie auf. Zugleich wird dank der Bezogenheit der Bestimmung von Politiker und Philosoph ein dritter Dialog in der Tat überflüssig. Diese Bezogenheit nötigt jedoch nicht nur den Politiker zum Hinhören auf den Philosophen, sondern gleichermaßen den Philosophen zu größerer politischer Konkretion.

Im Lichte der ›Nomoi‹ gedeutet, gewinnt nun das konkrete politische Konzept, das Platon im ›Politikos‹ nur knapp umreißt, durchaus schon feste Konturen. Die Polis der unveränderlichen Institutionen nach Maßgabe der „väterlichen Sitten“ soll jenen schützende Verläßlichkeit garantieren, die unvermeidlich die Opfer sind, wenn andere Kräfte spontane Initiativen ergreifen und sich darin auf Kosten der bestehenden Gesetze behaupten.[23] Mittel der Stabilitätserhaltung ist die administrative „Nachahmung“ tradierter Prinzipien als Kunst der „Zusammenwebung“ (305 e) der widerstrebenden Kräfte friedfertiger Besonnenheit (307 e) oder kriegerischer Tapferkeit (308 a); diese Kunst müsse verbürgen,

daß sie niemals lasse die besonnene und die tapfere Gemütsart sich voneinander trennen, sondern sie durch Gleichgesinntheit und Ehre und Schande und öffentliche Meinung und durch Geiseln, die sie einander ausgeben, zusammenschlägt. (310 e)

Dies Konzept entspricht auf den ersten Blick genau dem traditionellen Prinzip der Polis, demzufolge der „besonnene“ Stand der Freien zugleich auch die Wehrhoheit fest in Händen hält, da sich die zahlenschwache Bürgerschicht gegen die jeweils von der Teilnahme an der Gesetzgebung Ausgeschlossenen anders nicht behaupten konnte. Für Platons Zusammenwebungskunst bedeutet diese Maxime indes noch mehr. Wenn er im ersten Buch der ›Nomoi‹ gegen die Reduktion der Tugend auf kriegerische Tapferkeit polemisiert, so plädiert er für die Gesamttugend der geschlossenen, mit ihrer Polis identischen Person und damit zugleich gegen die geteilte Tugend des Söldners, der seine Tätigkeit gegen Bezahlung, aber ohne bewußt loyale Identifizierung als „Beruf“ ausübt. Dieser die Polis in der Tat tödlich bedrohende Zerfall in sich verselbständigende Funktionen soll durch die Zusammenwebung aufgehalten werden. Mit diesem Ansatz ist Platon den aktuellen Problemen der Polis weitaus nähergekommen, als dies vermöge seiner radikalen Sophisten- und Dichterkritik geschehen konnte. Vor allem aber hat er gesagt, wohin die momentane Bedeutung der noch nicht philosophischen Polis für die bestehende Polis liegt, der nun als Warnung vorgehalten wird, sie drohe gegenwärtig unwiederbringlich preiszugeben, was sie einst vielleicht besaß. Die Arbeit der ›Nomoi‹ kann beginnen, diese Warnungen in allen Details positiv auszuführen, zugleich aber auch den Beweis der politischen Tragfähigkeit der dort geforderten Institutionen anzutreten.

[23] Vgl. hierzu im folgenden § die Bemerkungen zu ›Nomoi‹ 890 a.

§ 10. Platon, ›Nomoi‹
Die philosophische Polis als theokratische Institution

In einem eindrucksvollen Zeugnis hat Aristoteles bestätigt, daß Platon trotz einiger Modifikationen in den Spätdialogen die Prinzipien der ›Politeia‹ in den ›Nomoi‹ keineswegs aufgegeben habe:

Trotz der Absicht, in der Verfassung der ›Nomoi‹ mehr Gemeinsamkeiten zu den bestehenden Städten herzustellen, kommt Platon doch allmählich wieder auf die andere Verfassung (der ›Politeia‹) zurück; von der Weiber- und Gütergemeinschaft abgesehen, gibt er im übrigen bei den beiden Verfassungen dieselben Bestimmungen.[24]

Daß in der Tat am Prinzip der ›Politeia‹, Gerechtigkeit sei nur als Einheit göttlicher und menschlicher Ordnung möglich, nicht gerüttelt wird, unterstreicht die Ansprache, die Platon für die Ansiedler der neu zu gründenden Stadt bei ihrer Ankunft gehalten wissen will: Der Gott, der Anfang, Mitte und Ende alles Seienden hält, geht der Natur gemäß geradewegs zum Ziel hindurch. Ihm folgt die Gerechtigkeit nach, die diejenigen, die hinter ihr zurückbleiben, büßen läßt. Wer dagegen als Glücklicher ein erfülltes Leben verbringen will, folgt der Gerechtigkeit. Wer sich selbstherrlich, als bedürfe er keiner Führung, zum Führer aufwirft, wird vom Gott verlassen, richtet Haus und Polis, indem er der Gerechtigkeit Buße zahlt, zuletzt zugrunde. Das Maß aller Dinge möchte wohl am ehesten Gott sein und nicht etwa, wie es jetzt allerorts heißt, der Mensch (715 e ff.). Nun wird aber ebenso deutlich, daß Platon neben dem Festhalten am Prinzip zur institutionellen Konkretion gewillt ist. So ist zwar auch die Polis der ›Nomoi‹ ein Entwurf, aber nicht als Polis aus dem Gedanken der Philosophie, sondern für den Griechen weitaus plausibler als neu zu gründende Kolonie, mit deren Gesetzgebung ein Athener, ein Spartaner und ein Kreter beauftragt sind. Das Kernstück ihrer für Platon ungewöhnlich detaillierten Gesetzgebung ist zweifellos die Theorie der ethisch gebundenen Musiké, jener griechischen Gesamtkunstform aus mimetischem Tanz, hymnischem Gesang und Instrumentalmusik.[25] Funktion dieser Musiké ist die sittliche Eingewöhnung aller Bürger und nicht mehr, wie im II. und III. Buch der ›Politeia‹, Medium der Bildung nur des Wächterstandes. Diese mimetischen Tänze vergegenwärtigen als „Nachahmung der

[24] Aristoteles, Politik 1265 a 1 ff.

[25] Vgl. hierzu Thr. Georgiades, Musik und Rhythmus bei den Griechen. Zum Ursprung der abendländischen Musik, Hamburg 1958.

Sprache der Musen" (795 e) die sittlichen Fundamente der Polis; ihr Ort ist das Fest, der „Wechselverkehr mit den Göttern" (653 d). Wenn aber an jedem Tag des Jahres ein Fest zu Ehren eines Gottes gefeiert wird (828 b), so verbürgt diese Bestimmung sinnfällig die ungeteilte Gegenwart der Götter. Sogar zu überraschenden Zugeständnissen an die Hedoné ist Platon bereit: bei den Symposien sollen die Sänger, „indem sie (ihr Lied) singen, selbst für den Augenblick eine harmlose Lust empfinden und die Jüngeren dazu hinleiten, die angemessene Liebe guten Sitten zuzuwenden" (670 d—e). Hedoné wird nicht mehr als total ruinös denunziert, sondern als aufbauende Hilfe willkommen geheißen. Wie ein Zaubergesang soll Musiké „irgend einmal die Jünglinge ... für die Tugend gewinnen" (671 a). Gleichzeitig ist von der Lehre der absoluten Katharsis nicht mehr die Rede. Indem er umgekehrt das Besondere des Hiesigen anerkennt, vermag Platon dies um so enger zu binden.

Diese institutionellen Regelungen, die zudem durch eine umfassende Gesetzgebung abgesichert sind, können indes nicht mit Bestimmtheit ausschließen, daß jene hartnäckig bei ihrer These verharren, die nicht Gott, sondern den Menschen zum Maß aller Dinge erklären. Daher darf es nicht überraschen, wenn die ›Nomoi‹ die theoretische Einholung des Göttlichen als des vernünftigen Grundes der Polis im Zusammenhang der Frage durchführen, mit welchen Strafen Atheismus zu bedrohen sei. Für einen Staat, der sich nach der Flucht der Götter von hier (713 b ff.) im Gegenzug gegen diese Bewegung ins Göttliche zurückübersetzen will, ist Atheismus notwendig ein Kapitalverbrechen. Niemand darf jedoch bestraft werden, ohne durch Argumente überzeugt zu werden, daß seine Bestrafung gerechtfertigt ist. Daher wird auch in diesem Fall der Strafandrohung eine Ermahnung (885 b) vorausgeschickt. Daß diese Ermahnung nun mit der Explikation der philosophischen Theologie als Kosmologie identisch ist, darf nicht zu der Annahme verführen, Philosophie werde in dieser Partie zum Beweismittel der in den ›Nomoi‹ eingeführten Gesetzesproömien, die als Gestalt der Rhetorik die Bürger von der Richtigkeit der zu erlassenden Gesetze überzeugen sollen. Keinesfalls tritt aber damit die Philosophie in den Dienst einer rhetorischen Zielsetzung, sondern umgekehrt bestätigt Platon seine zum Schluß des ›Phaidros‹ gegebene Bestimmung der Philosophie, sie sei wahre Rhetorik — nur nicht als Beweismittel, sondern als Beweisgrund. So wird denn auch im Verfolg der Erörterung deutlich, daß die Ermahnung sich ganz und gar den Bedingungen des Theoretischen fügt. Denn die nunmehr vorgetragene Ermahnung ist um so dringlicher, als der Atheismus, der entweder die Nichtexistenz der Götter oder ihre Gleichgültigkeit gegen die Menschen oder gar ihre Bestechlichkeit durch Opfer und Gebete behauptet (885 b), nicht aus mangelnder Beherrschung der Begierden zum gottlosen Leben hinzieht, sondern auf seine wissenschaftliche Grundlage verweist (886 b). Damit erscheint die Ermahnung eindeutig als theoretische Auseinandersetzung, bei der Platon die Atheismuskritik der im ›Timaios‹ entwickelten Kosmologie erneut geltend macht. Entgegen der philosophischen Theologie behauptet also der Atheist, die Welt sei Materie, die durch Natur, Zufall oder Kunst zusammengesetzt wurde (888 e ff.). Von der Kunst, die im übrigen am wenigsten an diesem Aufbau beteiligt war, ist Medizin, Gymnastik und Ackerbau noch am erfolgreichsten, da sie ihre Kraft mit der Natur verbinden; Malerei und Musik bringen dagegen bloß Spielereien hervor. Was nun der „Physiker" damit konstatiert, beklagt Platon: Musik, die Spielereien hervorbringt, versäumt es, das Göttliche als ihren eigentlichen Gegenstand ins Werk zu setzen; damit wiederum stellt sie sich auf die Seite der atheistischen Physik, sofern sie deren Grundthese nur bestätigt, während diese schließlich der gottlosen Praxis die Argumente zu ihrer Rechtfertigung liefert. So stimmen Sophistik und Physik darin überein, daß die Polis dezidiert nicht göttliche Wahrheiten vertritt; vielmehr seien jeweils willkürlich gegebene Satzungen gültig, welchen übrigens auch die Götter ihr Entstehen zu verdanken hätten. Dagegen sieht nun Platon, daß auch die Satzungstheorie eine verkappte Physistheorie ist, sofern sie das für gerecht erklärt, was sich immer durchsetzt: so aber entstehen Aufstände, wenn bestimmte Kräfte auf die vorgeblich naturgemäße Lebensweise hindrängen, andere zu beherrschen, nicht aber anderen gemäß den Gesetzen zu gehorchen (890 a). Aus theologischen und zugleich elementar politischen Gründen ist es also geboten, den Atheismus theoretisch zu widerlegen und für den Fall der Beharrlichkeit mit Sanktionen zu bedrohen.

Gegen die atheistische Grundthese, die Sterne seien bloß Mineralien, behauptet Platon die Göttlichkeit des gestirnten Himmels unter Verweis auf deren Harmonie, die allein durch das Einwohnen einer dem Stofflichen vorhergehenden seelischen Kraft zu erklären sei (891 b bis 899 d). Haben nun die Götter hinsichtlich des Ganzen einmal ihre Fürsorglichkeit zu erkennen gegeben, so ist nicht einzusehen, weshalb die Götter, die doch in keiner Weise von Mängeln behaftet sein können, gegenüber einigen Teilen und dann gerade den Menschen gleichgültig sein können (899 d bis 905 d). Die Bestechlichkeit der Götter aber, die dritte Behauptung des Atheismus, gemahnte an die Administration eines Steuermannes, der sich durch Weinspende und Opferduft dahin bringen läßt, sein Schiff mitsamt der Mannschaft auf Grund zu setzen.

Derartiges aber den Göttern zu unterstellen, ist unerträglich (905 d bis 907 b). Auf diese Widerlegung folgt die Strafandrohung, die sorgfältig nach Tatbestandsmerkmalen abwägend im harmlosesten Falle die Einweisung in das Besinnungshaus (908 a) anordnet, dagegen als Höchststrafe bei schwerem Rückfall die Hinrichtung vorsieht (909 a). Die Anwendung dieser Gesetze gehört zu den Amtsgeschäften der „nächtlichen Versammlung" verdienter Männer, die in den frühen Morgenstunden (das heißt „nächtlich") zusammentreten, wenn sie noch keine anderen öffentlichen oder privaten Verpflichtungen haben (961 b). Die „in den Sternen aufgewiesene Vernunft des Seienden" (967 e) anwendend, widmen sie ihre Muße der Aufgabe, das wahre Ziel der Polis (962 b ff.) zu vollstrecken, und dazu gehört schließlich, die Gottesleugner zu bestrafen, die dies Ziel radikal in Frage stellen. An die Stelle der Philosophenakademie außerhalb der Polis ist damit als zentrale Institution verwirklichter Philosophie die nächtliche Versammlung inmitten der Polis getreten. Die Philosophie, nicht mehr für sich bestehender kritischer Gedanke, sondern institutionelles Fundament einer in Gedanken gegründeten, theokratisch strukturierten Kolonie, ist nach dieser Bewegung solchermaßen uneingeschränkt verwirklicht, daß sie als diese gar nicht mehr existiert. Nach ihrer vollen Verwirklichung hat die Philosophie sich selbst überflüssig gemacht. Folgerichtig wird ihr Name in den ›Nomoi‹ auch nirgend mehr genannt. Dabei ging indes der Verlust an Distanz so weit, daß die Philosophie sich nicht mehr kritisch fragen konnte, ob es wirklich ihres Amtes sei, der Gewalt das Wort zu reden. Bei aller imponierenden Konsequenz, mit der Platon ein Leben lang seinen Gedanken verfolgte, scheint nach diesem Ausgang die Frage beinahe nicht unerlaubt, ob Platon vielleicht nicht wohler gewesen wäre, wenn ihm die konsequente Vollstreckung der begrifflichen Einheit von Philosophie und Polis zum Vorteil beider Seiten mißlungen wäre.

§ 11. Sprache und Erfahrung im aristotelischen System bezogener Differenzierung

Als Sokrates die Philosophie in Athen heimisch machte, indem er die Alltagsgespräche der Bürger auf dem Markt zur Reflexion auf ihnen eigene Ungereimtheiten zwang, hatte er keineswegs eine später als medienfremd empfundene Szenerie gewählt, ist doch Medium griechischer Wissenschaftspraxis mit Vorrang der Disput in der natürlichen Sprache, nicht aber das Buch und dies schon gar nicht in künstlicher

Fachsprache. Die Griechen müssen in diesem Merkmal ein wesentliches Moment gesehen haben, hießen doch die Aristoteliker vom „Umherwandeln" beim Lehrgespräch Peripatetiker und die Stoiker nach der durch Polygnots Gemälde berühmten στοὰ ποικίλη (bunte Säulenhalle), in deren Schatten wandelnd sie zu disputieren pflegten. Dank dieser von Anbeginn prävalierenden Sprachlichkeit ist jedoch die Theorie, je mehr sie als Wissenschaft das Allgemeine widerspruchsfrei ergründen will, in den Augen Platons unvermeidlich in Konflikt zwischen ihrer herkömmlichen Rhetorikstruktur und ihrer neuerdings übernommenen Stringenzpflicht geraten; und diesem Widerspruch vermochte sie nur zu entkommen, wenn die Gesprächsführung, damit Kunst und Theorie in einem, sich zu jener absoluten Dialektik steigert, die alle anderen Künste und Wissenschaften in einem System unmittelbarer Identität umgreift. Platons Auflösung des Widerspruchs, diktiert vom Zweifel am doxahaften Reden, läßt denn auch unter Preisgabe von Sprache und Erfahrung nur die eine Seite abstrakter Stringenz gelten. In einer der Überlieferung nach gehaltenen Altersvorlesung ›Über das Gute‹ zieht Platon daraus die äußerste Konsequenz: zur Enttäuschung seiner Hörer, von denen außer Aristoteles niemand bis zu Ende durchhielt, handelt er lediglich von Zahlen[26]. Diesen Schritt über die Grenze der Sprache hinaus hatte der ›Siebte Brief‹ (341 c—d) schon lange zuvor als inhaltliche Notwendigkeit gefordert, lasse sich doch der wesentliche Gedanke der Philosophie

in keiner Weise, wie andere Kenntnisse, in Worte fassen, sondern indem es, vermöge der langen Beschäftigung mit dem Gegenstande und dem Sichhineinleben, wie ein durch einen abspringenden Feuerfunken plötzlich entzündetes Licht in der Seele sich erzeugt und dann durch sich selbst Nahrung erhält.

Mag sich auch, wie der Kontext zeigt, Platon mit dieser Erwägung an jene Oberflächlichen wenden, die allzu voreilig zu verstehen glauben und dann entsprechend unvernünftig handeln, so bleibt doch die Grenze der Sprachlichkeit überschritten, und die Kehrseite abstrakter Mathematisierung offenbart sich in jenem untheoretischen Verfahren, unbefangen das „Wesentliche" in Mythen, Chiffren oder, wie Aristoteles in der „Metaphysik" (991 a 20—22) kritisch anmerkt, in „poetischen Metaphern" auszusagen. Daher hat Aristoteles im Gegenzug nicht gestattet, die Sphäre sprachlich formulierbarer Erfahrung zu verlassen, und damit schon festgestellt, wie weit für ihn das Feld der „Phainomena" reicht und — das sei vorwegnehmend hinzugefügt —

[26] Aristoteles, Fragmenta selecta, rec. W. D. Ross, Oxford ²1958, p. 111.

nach welchem Spezifikationsprinzip ihre Zuordnung erfolgt, nämlich nach der sprachvermittelten Topik dialektischer oder rhetorischer Syllogismen, auf welchen Sätze über das Gerechte, das Politische und das von Natur Seiende gleichermaßen beruhen (Rhet. 1358 a 10—17).

Innerhalb dieses durch ein einheitlich verbindendes Prinzip gesteckten Rahmens hat nun Aristoteles das inhaltliche Ganze als System bezogener Differenzierung begriffen und dargestellt. Die grundlegende Unterscheidung resultiert aus der Klassifizierung der menschlichen Verstandesleistung (διάνοια), die entweder praktisch, poetisch oder theoretisch ist (Metaph. 1025 b 25). Während Aristoteles die beiden ersteren Formen auf ihre Arché zurückführt, und zwar die praktische auf Willen und Handeln, die poietische dagegen auf Vernunft, Kunst oder Fähigkeit, zählt er für die letztere auf, in welchen Wissenschaften sie sich objektiv wird, nämlich in Mathematik, Physik und Metaphysik (θεολογική: 1026 a 19). Für die beiden nichttheoretischen Formen der Verstandesleistung liegt indes die entsprechende Ergänzung auf der Hand: den poietischen Fähigkeiten hat Aristoteles in der ›Rhetorik‹ und der ›Poetik‹ eine Kunstlehre gewidmet und dem Feld des Handelns die Richtschnur in der ›Politik‹ und den Ethiken gezeichnet. Diesen drei Disziplinengruppen muß schließlich eine alle verbindende Wissenschaft der Logik zugrunde liegen, die deren gemeinsames Element, den sprachlichen Disput, zur Kunst geregelten Disputierens, zu „Dialektik", formiert, ohne indes die vom Inhalt her bestehenden Trennungslinien zu verwischen. Dies leistet das aristotelische ›Organon‹, dessen ›Analytik‹ die Logik der theoretischen Wissenschaften vorträgt und dessen ›Topik‹ eine Argumentationslogik liefert, die da gilt, wo man angesichts des Gegenstandes auch geteilter Meinung sein kann. In beiden Fällen ist die Logik Regulierung des Sprechens. Ob man sich nämlich theoretisch dem zuwendet, „was so und nicht anders ist", oder praktisch und poietisch dem, „was auch anders sein kann", so hat sich doch für keine der entsprechenden Disziplinen etwas an der bei Sokrates vorgefundenen Ausgangslage geändert, daß ihrer aller gemeinsames Fundament der methodisch geregelte Disput ist. So ist Syllogismus in seiner allgemeinen Bestimmung ein Gespräch, in dem ein „fragender" Angreifer — ἐρωτᾶν, wörtlich: fragen, ist Terminus für Prämissensetzen — dem Antwortenden einen Vordersatz (πρότασις) „hinhält", um ihn vermittels dieses Gesetzten zur Einstimmung in etwas anderes als das Gesetzte zu zwingen.[27] Für theoretische wie rhetorische Schlüsse

[27] Interpretation nach E. Kapp, Syllogistik, in: RE IV A 1, 1056 ff. mit Bezugnahme auf Topik 100 a 25 f.

gilt die nämliche technische Empfehlung, man solle sein Beweisziel möglichst lange verschleiern und dadurch den Gedankengang fest in der Hand behalten (Anal. 66 a 33—b 3). Inhaltlich und somit noch deutlicher bestätigt der „Goldene Logos" die angenommene Herkunft der Analytik. „Wenn A dem X nicht zukommt, dann kommt A dem X zu; also kommt A dem X zu." Wer in diese Figur formallogisch „einsetzt", erhält eine unsinnige Auskunft: „Wenn man nicht philosophieren soll, dann soll man philosophieren; also soll man philosophieren." In semantischer Anwendung hingegen wird die Formel verständlich: „Wenn einer sagt, man solle nicht philosophieren, so philosophiert auch er, indem er so argumentiert."[28] Solche Gemeinsamkeiten von Analytik und Topik schließen aber gewichtige Unterscheidungen nicht aus. Dies bedeutet für die Analytik, die Aristoteles in eine Schluß-(„priora") und eine Beweislehre („posteriora") gliedert, daß die Syllogistik aus zwei Vordersätzen durch Beziehung auf einen gemeinsamen Mittelbegriff einen Schlußsatz ermittelt, der wiederum nicht als Beweis gelten kann, solange die Schlüsse nicht in notwendigen, selbst unvermittelten Sätzen ontologisch fundiert sind. Denn „der Beweis ist ein Schluß, aber nicht jeder Schluß ein Beweis" (25 b 30 f.). Dank ihrer Arbeitsteilung ergänzen sich beide Analytiken zu einem System formal wie sachlich ausgewiesener Stringenz, das sie als reine Wissenschaftslehre qualifiziert, sofern Wissenschaft Begreifen dessen bedeutet, was notwendig so und nicht anders ist.

Die offenkundige Bindung der theoretischen Wissenschaften an die Sprache gilt ausdrücklich auch für die Physik. Die dem wissenschaftlichen Schließen vorhergehende Tatbestandsaufnahme (Anal. 46 a 10 ff.) obliegt nicht isolierenden Experimenten, sondern „exoterische Reden" vortragender Rhetorik.[29] Die aristotelische Physik geht phänomenologisch davon aus, wie man täglich von den Dingen spricht, und stellt die von Natur seienden Dinge in ihrer Präsenzform als „intersubjektive Noemata" dar,[30] während sie an keiner Stelle eine über die natürliche Sprache hinausweisende unanschauliche Symbolsprache entwickelt, die ja auch die Erschließung mathematischer Konstanzsätze zur Voraussetzung hätte. Dieses Verhältnis der Wissenschaften zueinander macht für Aristoteles auch plausibel, weshalb ein Knabe wohl Mathematiker,

[28] Zitiert nach W. Wieland, Zur Problemgeschichte der formalen Logik, in: Philosophische Rundschau 6 (1958) 80.

[29] Siehe hierzu W. Wieland, Aristoteles als Rhetoriker und die exoterischen Schriften, in: Hermes 80 (1958) 323—346.

[30] Diese These ist entwickelt bei W. Wieland, Die aristotelische Physik, Göttingen 1962, §§ 10—14.

aber nicht Weiser oder Naturkenner werden kann: der erstere befaßt sich nämlich mit abstrakten Größen, während sich die beiden letzteren allein auf Erfahrung, über die der Knabe noch nicht verfügt, stützen (Nik. Eth. 1142 a 16—19). Die theoretischen Wissenschaften gehören also formal derselben Gattung an, weil sie das immer gleich Bleibende erforschen, inhaltlich liegt aber ihre spezifische Differenz darin, daß sich die eine abstrakten, die beiden anderen aber sprach- und erfahrungsvermittelten Gegenständen zuwenden.

Die Logik der poietischen Sphäre vom alltäglich unverbindlichen bis hin zum rhetorisch ernsthaften Disput über Dinge, die sich auch anders verhalten können, hat die Funktion, die Einhaltung zweier Kriterien rhetorischer Kunstgerechtigkeit zu verbürgen, und zwar für das genus iudiciale die emotionsfreie, sachliche Vertretung des jeweiligen Parteiinteresses im Rechtsstreit und für das genus deliberativum die kluge Beratung bei der Entscheidung lebenspraktischer Fragen (siehe unten § 14). Die dialektisch-rhetorische Logik bedarf jedoch, damit ihre Entfaltung überhaupt möglich wird, einer doppelten Entlastung. Zum einen muß sie den Monopolanspruch eines Einzelnen auf absolutes Wissen zurückweisen und von den ἔνδοξα ausgehen, die allerorts in Ansehen und Beifall stehen, sei es bei Allen, den Meisten oder den Weisen (Topik 100 b 21 ff.). Um diese Ausweitung zu legitimieren, entwickelt Aristoteles in der ›Topik‹ aus der Doxa selbst Kriterien ihrer Sachlichkeitskontrolle, die es ihr schließlich gestatten, die Hypertrophie kritischer Einzelner begründet zurückzuweisen: das Unwahrscheinliche (ἄδοξον) wird Kriterium der Unmöglichkeit einer These (176 a 31), weil sie eben „paradox“ (173 a 7) ist. Zum anderen muß sich die Rhetorik von bestimmten, die Analytik definierenden Auflagen befreien. So bestätigt die ›Analytik‹ das Recht der dialektischen Rhetorik, nach Maßgabe der Gesprächssituation ein beliebiges Glied aus der Satzkette herauszugreifen (72 a 5 ff.). Stringenzverzicht wird dem dialektischen Satz auch insofern zugestanden, als er nicht zur völligen Ausschöpfung aller Mittelbegriffe verpflichtet ist (81 b 18 ff.). Ferner ist Thema der Apodeiktik, was aufgrund notwendiger Deduktion so und nicht anders sein muß, während der Dialektiker nach dem fragt, worüber man geteilter Meinung sein kann (24 a 20 ff.). Diesen beiden Entlastungen verdankt die Rhetorik, daß sie nicht als absolute Theorie, sondern als das, was sie als poietisches Vermögen sein will, als Kunst nämlich, legitimiert ist.

Die beiden praktischen Wissenschaften, Politik und Ethik (siehe unten §§ 15—20) lassen sich, da sie weder reine Theorie noch Kunstlehre sind, sondern im umfassenden Sinne hermeneutisch betrieben werden, naturgemäß nicht wie die beiden anderen Disziplinengruppen auf eine bestimmte Argumentationslogik festlegen. Die Lehre vom Handeln ist insofern nicht theoretische Wissenschaft, als sie, darin ihrem Gegenstand gerecht werdend, im Umriß (τύπῳ) und nicht „exakt" Vortrag hält; denn in der Sphäre des Handelns und des Zuträglichen gibt es keine festen Konstanten (Nik. Eth. 1104 a 1—5). Ferner wird Ethik auch insofern nicht als Theorie betrieben, als dies nicht geschieht, damit wir erkennen, was die Tugend als diese ist, sondern damit wir gut werden (1103 b 26—30). Andererseits ist Ethik auch keine Kunstlehre, weil Techne und Tugend Verschiedenes von ihrem Subjekt erwarten: während das Wissen auf die Tugend nur geringen Einfluß hat, gibt dies für die Kunst gerade den Ausschlag. Im übrigen haben die Künste ihr Gut in sich selbst und sind gegen die Motive des Ausübenden gleichgültig, während die Qualität der Handlung von der Verfassung des Handelnden abhängt, soll dieser doch bewußt und mit sachlich begründeter Entscheidung seine Handlung entschlossen und unbeirrbar zu Ende führen (1105 a 26—33). — Neben diesen inhaltlich begründeten Unterschieden gilt indes auch für die Handlungswissenschaften, daß Sprache und Erfahrung gemeinsames Element aller Disziplinen sind. So scheut sich Aristoteles nicht zu betonen, daß seine Vorlesung über politische Probleme sich für junge Hörer nicht eigne, da sie in der Lebenspraxis noch unerfahren seien, diese aber gerade thematisiert werde (1095 a 2—4). Und den direkten Zusammenhang von Sprache und politischen Kategorien hat Aristoteles am Eingang der ›Politik‹ herausgearbeitet, als er seine These, der Mensch sei in weiter reichendem Sinne als Bienen oder Herdentiere ein politisches Lebewesen, mit der Definition des Menschen als eines ζῷον λόγον ἔχον begründet. Dazu führt Aristoteles weiter aus: die Natur schafft nichts vergebens; so haben alle Lebewesen Stimmen, um Lust- und Unlustgefühle zu äußern, aber nur der Mensch kann dank seiner λόγος-Begabtheit den Unterschied zwischen zuträglich und schädlich, gut und schlecht, gerecht und ungerecht anzeigen (1253 a 7—18). Angesichts dieser Entgegensetzung kann aber ζῷον λόγον ἔχον nur sprachbegabtes und erst in zweiter Instanz vernunftbegabtes Lebewesen bedeuten. Und wenn dies, wie ausgeführt, eine Naturbestimmung ist, so ist es geradezu naturwidrig, die Fundierung des Gerechten in der „Idee des Guten" zu versuchen, die man „nur mit Mühe sehen" (Politeia 517 c), sich aber kaum in einem plausiblen sprachlichen Kontext vorstellen kann. Demzufolge sind Ethik und Politik hermeneutische Wissenschaften, für die es herauszufinden gilt, welche Vernünftigkeit in Sprache und Erfahrung liegt, um daraus ihre normativen Folgerungen herzuleiten. Andererseits ist es dann aber auch nicht das Geschäft der Metaphysik, im direkten politischen Eingriff theoretisch eine unumschränkte Theokratie zu fundieren. Als „erste Philosophie" verbleibt Metaphysik vielmehr im Rahmen der theoretischen Wissenschaften, die vom immer gleich Bleibenden handeln. Die Rolle, die Aristoteles ihr innerhalb dieses Rahmens zuweist, enthält zugleich auch die Begründung, weshalb er in seiner ›Metaphysik‹ auf Kosten Platons einer anderen Berufungsinstanz, den Vorsokratikern nämlich, soviel Beachtung geschenkt hat.

§ 12. Die Vorsokratiker in der ›Metaphysik‹ des Aristoteles

Es kann ohnehin nicht Ehrgeiz einer abrißhaften Darstellung der antiken Philosophie sein, über jeden einzelnen Vorsokratiker unter Einschluß der verwirrenden Fülle diese behandelnder moderner Theorien ausführlich zu berichten. Um zu einer einigermaßen verläßlichen Systematik zu finden, muß es vielmehr genügen, unmittelbar zurückzugreifen auf in der Antike selbst vorgenommene repräsentative und zuverlässige Rezeptionen der nur sehr fragmentarisch erhaltenen Vorsokratiker. Zur Durchführung dieses Ansatzes bietet sich nun, wie ein illustrer moderner Zeuge bestätigt hat, mit Vorrang Aristoteles an. In seinen Vorlesungen zur griechischen Philosophie nennt Hegel als Quellenautoren Platon, Aristoteles, Cicero, Sextus Empiricus, Diogenes Laertius und Simplicius, vergißt aber nicht zu betonen:

> Aristoteles ist die reichhaltigste Quelle. Er hat die älteren Philosophen ausdrücklich und gründlich studiert ... Er ist so philosophisch, als gelehrt; wir können uns auf ihn verlassen. Für die griechische Philosophie ist nicht Besseres zu tun, als das erste Buch seiner Metaphysik vorzunehmen.[31]

Damit entkommt Hegel nicht lediglich der Verlegenheit, daß er zu Beginn des XIX. Jahrhunderts noch nicht auf eine vollständige Sammlung der Vorsokratikerfragmente zurückgreifen konnte. Der früheste Zeuge muß allemal der wichtigste sein. Außerdem aber führt die Rezeption der Vorsokratiker aus der ›Metaphysik‹ des Aristoteles zwangsläufig in diese selber ein und bringt damit beide Seiten in einen sachlich wie geschichtlich gegebenen Zusammenhang.

Der Name „Vorsokratiker", der sich seit der ersten Auflage der von Hermann Diels gesammelten ›Fragmente der Vorsokratiker‹ (1903)

[31] G. W. F. Hegel, Glockner Ausgabe, Band XVII, 205.

eingebürgert hat, umfaßt die Gruppe der Philosophen von Thales bis unmittelbar „vor Sokrates". Dieser dem Dispositionsschema moderner Philosophiehistorie entstammende Name läßt sich indes der Sache nach auch aus antiken Quellen ohne Gewaltsamkeit ableiten. In diesem Zusammenhang interessiert zunächst eine Platonstelle im ›Theaitet‹ (152 d—e), obwohl hier eine eindeutige Trennungslinie noch nicht gezogen wird:

... durch Bewegung ... wird alles nur, wovon wir sagen, daß es ist, es nicht richtig bezeichnend; denn niemals ist eigentlich irgend etwas, sondern immer nur wird es. Und hierüber mögen denn der Reihe nach alle Weisen, den Parmenides ausgenommen, einig sein, Protagoras sowohl als Herakleitos und Empedokles, und so auch unter den Dichtern die Anführer von beiden Dichtungsarten, Epicharmos der komischen und der tragischen Homeros; denn wenn dieser sagt „Ursprung der Götter ist Okeanos und Tethys die Mutter", will er andeuten, daß alles entsprungen ist aus dem Fluß und der Bewegung.

Dies Zeugnis mag auf den ersten Blick zur philosophie-historischen Einteilung noch nichts beitragen, enthält aber eine inhaltlich bedeutsame Feststellung, nämlich die des kontinuierlichen Sich-Behauptens einer gedanklichen Alternative von Homer bis zu Protagoras, ob die Flußlehre oder die Substanzmetaphysik das Ganze richtig deute. Bedenkt man ferner den praktischen Zusammenhang, in dem Platons ›Theaitet‹ die These vom ewigen Fluß der Dinge zurückweist (vgl. oben § 6), so involviert die oben angeführte Passage, daß Platon das protagoreische Philosophem in der Abfolge einer Tradition sieht, die Fragen des sittlichen Handelns als Frage nach der Natur als Ganzem beantwortet hat. Dann hat aber die Passage insofern doch philosophiehistorische Bedeutung, als sie die von Diels getroffene Entscheidung bestätigt, die Sophisten in die Sammlung der Vorsokratikerfragmente aufzunehmen.

Mit den Sophisten offenbart die Philosophie „vor Sokrates" endgültig, daß über sie hinausgegangen werden muß. Die Notwendigkeit dieses Schrittes läßt Platon seinen Lehrer Sokrates in dessen letzter philosophischer Auseinandersetzung unmittelbar vor seinem Tode gleichsam als Testament verkünden: mit großer Erwartung habe er von der These des Anaxagoras gehört, „daß Vernunft das Anordnende ist und aller Dinge Ursache" (Phaidon 97 c), sei aber bei fortschreitender Lektüre enttäuscht worden, als er sah,

wie der Mann mit der Vernunft gar nichts anfängt und auch sonst gar nicht Gründe anführt, die sich beziehen auf das Anordnen der Dinge, dagegen aber allerlei Luft und Äther und Wasser vorschiebt und sonst vieles Wunderliches. (98 b—c)

Seine sittliche Entscheidung aber, trotz ungerechten Urteils nicht zu fliehen, lasse sich aber kaum auf diese „natürlichen" Begriffe zurückführen: schon lange wären nämlich

diese Sehnen und Knochen in Megara oder bei den Böotiern, durch die Vorstellung des Besseren in Bewegung gesetzt, hätte ich es nicht für gerechter und schöner gehalten, eher als daß ich fliehen und davongehen sollte, dem Staate die Strafe zu büßen, die er verordnet.

Damit zeigt sich jene Wende an, die Cicero in einem bekannten Zeugnis so umrissen hat: Sokrates habe als erster die Philosophie vom Himmel herabgerufen, in den Städten angesiedelt, auch in die Häuser eingeführt und genötigt, über Leben, Sitten, Gut und Böse zu forschen (tusc. disp. V 10). Dieselbe Wende hat auch Aristoteles beschrieben, aber unter deutlicher Herausarbeitung ihrer Vermitteltheit: „Sokrates forschte über die ethischen Dinge, nicht aber über die ganze Natur, suchte jedoch darin das Allgemeine ..." (Metaph. 987 b 1—3). Dieser unscheinbare Zusatz des Aristoteles ist von Belang: die Bestimmung des Allgemeinen als Grundthematik der Vorsokratiker wurde mit ihrem Ende keineswegs aufgegeben.

Nach der Abgrenzung der Reichweite des Namens „Vorsokratiker" vom Ende her nun zur Fixierung des Anfangs. Diese Frage hat Aristoteles entschieden, wenn er ohne Umschweif Thales zum Archegeten solcher Philosophie erklärt (Metaph. 983 b 20 f.), der Wissenschaft nämlich von den ersten Gründen und Ursachen der Dinge (983 a 24 f.), die also nicht mehr in mythischen Geschichten, sondern begrifflich das Allgemeine als das, was ist, deutet. Die qualifizierenden Merkmale dieser Wissenschaft waren von Anbeginn die nämlichen: das über das Daß hinausweisende Warum, die Lehrbarkeit und Schwierigkeit dieser Wissenschaft, schließlich ihre Freiheit vom Dienste der Notwendigkeit (981 a 28—982 b 10). Neben dieser formalen steht die inhaltliche Bestimmung der spekulativen Theorie, sie sei die göttlichste und ehrwürdigste, da sie eines Gottes würdig sei und Gott zum Inhalt habe, sei doch Gott Ursache aller Dinge (983 a 4—10). Damit hat Aristoteles bestimmt, daß Metaphysik natürliche Theologie ist, sich aber noch darüber ausgeschwiegen, ob dies auch im Sinne platonischer Theologie als absoluter Katharsis zu verstehen sei. Schon der Hinweis, die ›Metaphysik‹ wolle zu Beginn ausführlich die Vorsokratiker aufnehmen, obgleich dies auch schon in der ›Physik‹ geschehen sei (983 a 33), deutet indes auf einen andersartigen Vermittlungszusammenhang hin. Daß Metaphysik in der Tat offengebliebene Fragen der Physik weiterverfolgen will, wird auch vollends ersichtlich aus der Art, wie Aristoteles an die Vorsokratiker anknüpft:

Sie begriffen das von Natur Seiende (τὰ φύσει ὄντα) als das Ganze, aber in stofflicher Gestalt (ἐν ὕλης εἴδει); woraus nämlich alle Seienden sind, woraus sie werden und wohinein sie schließlich vergehen, wobei das Sein bleibe, sich aber in seinen Erscheinungsformen wandle, dies hielten sie für Element und Ursprung der Seienden, und deshalb werde und vergehe auch nichts, da sich eine derartige Natur dauernd erhalte. (983 b 7—13)

Aristoteles umreißt nun die Geschichte der vorsokratischen Bestimmungen der Natur als des Ganzen in ihrem Fortgang von Thales, der das Wasser als Ursache nannte (983 b 21), bis hin zur Homoiomerientheorie des Anaxagoras (984 a 14). Leitmotiv dieser Darstellung ist das Kontinuitätsprinzip schrittweisen Weiterfragens, „das der Gegenstand selber erzwingt" (984 b 9—11). Dies Vorgehen führt zwangsläufig zu der von den Vorsokratikern unbeantworteten Frage, woher denn der Anfang der Bewegung der von Natur seienden Dinge rühre, da doch das zugrunde liegende Stoffliche (ὑποκείμενον) nicht selbst seine Bewegung veranlasse, wie auch das Erz nicht selbsttätig seine Verwandlung in eine Statue vollzieht (984 a 16—27). Damit hat Aristoteles aus einer Rezeption der Vorsokratiker die Grundfrage des berühmten XII. Buches der ›Metaphysik‹ entwickelt. Dieser Frage seien die Alten bis auf Parmenides ausgewichen, aber auch dieser nur insofern nicht, als er wenigstens zwei Arten von Ursachen annahm (984 b 3 f.). Daß aber die Seienden sich zugleich schön und gut verhielten, habe man sich als Werk unerklärbarer Spontaneität (τῷ αὐτομάτῳ) oder des Zufalls (τῇ τύχῃ) erklärt (984 b 11—15). Die Annahme aber, der Nus (Vernunft) sei in den Lebewesen wie in der Natur Ursache der Lebens- und Weltordnung (κόσμος / τάξις) unterscheidet Anaxagoras in den Augen des Aristoteles wie einen Nüchternen von jenen Alten, die nur aufs Geratewohl daherredeten (984 b 15—18). Warum der Nusbegriff gerade im Hinblick auf seine Frage nach dem Ursprung der Bewegung für Aristoteles so bedeutsam erscheint, lehrt ein Blick auf dessen Begriffsgeschichte: Nus, etymologisch auf *σνοϝος zurückzuführen und mit dem deutschen Verbum „schnüffeln" verwandt, bedeutet bei Homer in verbaler Form, Wittern, Riechen, Erkennen einer Gefahr oder einer bedeutsamen Situation; so ist Nus als gefahrenerkennendes Organ Voraussicht auf Künftiges, dem er sich planend zuwendet.[32] Diesen bei Anaxagoras noch nicht hinreichend ausgeführten Begriff hat Aristoteles als Prinzip der Weltordnung ausgedeutet: die lenkende und ordnende Vernunft des Göttlichen, das numen divinum, das Dinge als „Ursache

[32] Diese Darstellung erfolgt nach K. v. Fritz, Der ΝΟΥΣ des Anaxagoras, in: Archiv für Begriffsgeschichte 9 (1964) 87—102.

der Bewegung" in Gang hält. Damit präludiert Aristoteles zugleich dem zentralen Lehrstück des XII. Buches, wenn anders er dort unter Berufung auf Anaxagoras, der den Prioritätscharakter des Nus als „tätiger Wirklichkeit" (ἐνέργεια) bezeuge (1072 a 4—6), mit der ewig tätigen Wirklichkeit des unbewegten Bewegers in eins setzt. Schließlich verweist der Nusbegriff auch auf die lebenspraktische Seite der Theorie. Das theoretische Leben, so heißt es in der ›Nikomachischen Ethik‹, übertrifft authentisch menschliche Möglichkeiten; nicht qua Mensch wird der Mensch so leben, sondern sofern etwas Göttliches in ihm steckt. Dies verdeutlicht ein Verweis auf den Nus, der im Vergleich zum Menschen etwas Göttliches ist, so daß auch das dem Nus gemäße Leben göttlich ist verglichen mit dem menschlichen (1177 b 26—31). Das Leben gemäß dem Nus ist folglich gemessen an dem, was dem Menschen dank seiner Natur möglich ist, das beste Leben (1178 a 5—7).

Diese wenigen Hinweise machen deutlich, daß Aristoteles seine Vorsokratikerrezeption bis zu einem ganz entscheidenden Punkt vorangetrieben hat. Ihre Theoreme führen unmittelbar hin zu der Problemstellung des Aristoteles. Sie haben die Frage als erste gestellt, ohne die die Philosophie nicht in Gang gekommen wäre. Wenn sich Aristoteles ihnen daher zuwendet, so kann er dabei auf Nutzen auch für sein derzeitiges Verfahren, den Dingen „nachzugehen" (μέθοδος) rechnen: „entweder werden wir eine andere Art von Ursache finden oder aber dem mehr vertrauen können, was wir jetzt vortragen" (Metaph. 983 b 4—6). Das Kontinuitätsprinzip erweist sich als vital bedeutsames Moment der Theorie, die sich um ihre Lebenskraft brächte, wenn sie ihre Archegeten, Auseinandersetzungspartner und Zeugen entweder vergäße oder, was kaum mehr bedeutete, aus bloß historischem Interesse bewahrte. Vielmehr bleiben die Vorsokratiker von systematischem Interesse, sofern sie mit ihrer Thematisierung der Natur als des Ganzen jenen Leitbegriff formuliert haben, den Aristoteles aufnahm, als er sich genötigt sah, über die Physik hinausfragend, die Natur in der ›Metaphysik‹ vollends als das Ganze zu begreifen und darzustellen. Die vorsokratische Philosophie ist somit konstitutives Element der Tradition der Metaphysik geblieben.

§ 13. Aristoteles, ›Metaphysik‹ (Buch XII)
Die Lehre vom unbewegten Beweger

Bevor sich Aristoteles seinem Thema, „Sein, dessen Ursprünge und Ursachen", systematisch zuwendet, betont er erneut, für ihn seien die

Alten sowohl Zeugen durch die Tat, Ursprung, Elemente und Ursachen des Seins gesucht zu haben, als auch Auseinandersetzungspartner, setzten doch die Heutigen das Allgemeine als Sein, die Alten dagegen das Einzelne wie Feuer und Erde (1069 a 25—30). Nach dieser Vorerwähnung unterscheidet Aristoteles drei Arten des Seins: das sinnlich wahrnehmbare, das entweder ewig oder vergänglich ist, und als drittes ein unveränderliches Sein (ἀκίνητος); während die beiden ersteren Arten Inhalt der Physik sind, ist die letztere Gegenstand „einer anderen Wissenschaft" (1069 a 30—b 2). Diese Wissenschaft nennt Aristoteles prima philosophia (1026 a 30), während der Ausdruck Metaphysik für ihn nur den Sinn einer buchtechnischen Anordnung hat, sofern „nach" den Physikbüchern Manuskripte ohne besonderen Titel folgten, die deren Thematik fortführten: wenn nämlich, wie in der ›Physik‹ nachgewiesen, die Kreisläufe der Planeten ewig sind, so muß diese Bewegung von einem selbst unbewegten, ewigen Sein verursacht sein (1073 a 30—34). Dies Sein näher zu bestimmen, wäre dann das Geschäft der Metaphysik. Der buchtechnische Sinn von Metaphysik konvergiert also mit dem später geläufigen Sinn des Wortes, in dem es seit den Aristotelesherausgebern der frühen römischen Kaiserzeit verwendet wird. Systematisch ist aber jetzt schon entschieden, daß dank der Trennung von Physik und dem „nach der Physik" Liegenden dem platonischen Verdikt, diese sei atheistisch, die Grundlage entzogen ist.

Nachdem sich nun Aristoteles eingangs mit den beiden ersten Arten des Seins, die die von Natur seienden Dinge definieren, ausführlich befaßt hat, wendet er sich darauf jenem ewigen, unbewegten Sein zu, das ein Erstes ist und dessen Ende das Ende alles anderen nach sich zöge. Dies Sein kann indes nicht als bloß bewegungsauslösender Anfang gedacht werden: Bewegung kann weder entstehen noch vergehen, da sie etwas ist, „das immer schon da war" und dies ebenso für die Zeit gilt, ohne die es das „Frühere" und das „Spätere" nicht gäbe. Zeit ist daher entweder geradezu selbst Bewegung oder inhäriert dieser wenigstens (1071 b 3—10). Mit diesem Plädoyer für die Ewigkeit der Welt leugnet Aristoteles implizit die Möglichkeit eines kosmogonisch wirksamen und fürsorglichen Demiurgen, der Zeit und Bewegung erst hervorbringt (vgl. oben § 7), zumal die Weltseele Platons, frühestens zugleich mit dem Himmelsgebäude entstanden, für dies Geschäft stets zu spät käme (1072 a 1 f.). Dagegen setzt Aristoteles auf einen „endlich-momentanen Bedingungszusammenhang"[33] als Ordnungsprinzip der unendlichen Bewegung. Um nun zu diesem Theorem hinzu-

[33] W. Wieland, Die aristotelische Physik, 314 f.

führen, bestimmt Aristoteles die ununterbrochene Bewegung als momentane Bewegung, wie dies an jeder Kreislaufbewegung plausibel werde (1071 b 10 f.). Die Unaufhörlichkeit der Kreisbewegung leuchtet indes nicht nur aus dieser logischen Überlegung ein, sondern auch aus den Tatsachen, „so daß der erste Himmel ewig sein dürfte; und dann gibt es also auch etwas, das ihn bewegt". Wenn nämlich das, was bewegend und bewegt ist, ein Mittleres ist, so muß es auch ein ewig bewegendes, selber unbewegtes Sein geben (1072 a 21—25). Plausibel macht sich Aristoteles diese Möglichkeit am Phänomen des Schönen, das Begehren, und des Gedachten, das Denken hervorruft, ohne daß das jeweils bewegende Moment sich selber bewegen muß. Aus dieser Alltagserfahrung erklärt Aristoteles das Wesen des Göttlichen: „Es bewegt also wie ein Geliebtes; durch ein Bewegtes aber bewegt es die anderen Dinge" (1072 b 3 f.). Dies Bewegte ist der äußere Himmel, der sich als Kreisbewegung wohl dem „Ort", aber nicht dem „Sein" nach „auch anders verhalten kann",während sich das unbewegt Bewegende „in gar keiner Weise auch anders verhalten kann" (1072 f 5—8). „Daher ist es notwendig seiend, insofern schön und somit auch der Ursprung" (1072 b 10 f.). Zur Erklärung des Adverbs „notwendig", das „auf so vielerlei Art" gebraucht werde, fügt Aristoteles hinzu, dies Wort bedeute „durch Zwang wider Willen", ferner „ohne das eine gute Verfaßtheit nicht möglich sei", schließlich „was schlechthin ist, wie es ist, und sich nicht anders verhalten kann". Diese Momente bestimmen also den Ursprung, der den Himmel und die Natur lenkt (1072 b 11—14).

Wenn nun Aristoteles seine Argumentation neben Alltagserfahrungen auch, wie schon in der ›Physik‹ praktiziert, auf Reflexionen stützt, wie man von den Dingen spricht, so hat er bis ins Verfahren hinein die Fragestellung von Metaphysik und Physik verschränkt. Dank dieser Methode gelang es der Metaphysik schließlich, die Frage der Physik abschließend zu beantworten, einer Physik nämlich, die ohne Gravitationsgesetz auskommen kann, wenn sie das ἐνέϱγεια-Problem mit dem Theorem vom unbewegten Beweger gelöst sieht. In dieser Einheit der Fragestellung beider Wissenschaften liegt die Pointe der aristotelischen Anknüpfung an die Vorsokratiker. Zum anderen hat die Verschränkung von Physik und Metaphysik aber auch noch ihre politische Pointe. Die Deutung der Weltordnung als eines momentanen Bewegungsverhältnisses, das in dem auf sich selbst bezogenen Gott der „νόησις νοήσεως" (1074 b 34) ruht, dessen Denken also sich selbst und nicht anderes denkt, bestreitet implizit, daß das Göttliche als Nachahmungsmuster unmittelbar eine konkrete politische Ordnung konstituiert. Im Gegenteil, die mythische Vorstellung der „Alten", d. h. der Vorsokratiker, und der „ganz Alten", d. h. der archaischen Dichter, hat zwar den wahren Kern, daß die Gestirne Götter sind; das übrige aber ist mythischer Zusatz in der Absicht, die Menge zu täuschen und die Gesetze hinsichtlich ihrer Anwendung für das politisch „Zuträgliche" zu stärken (1074 b 1—5). Sofern mit dieser Zurückweisung auch Platon gemeint ist, erweckt Aristoteles beinahe den Eindruck, als hätte er anstelle des späteren Namens Vorsokratiker lieber den Namen Voraristoteliker gesehen.

Nach dieser Absage fällt die Antwort des Aristoteles auf die Frage nach der lebenspraktischen Bedeutung der Theorie denn auch wesentlich skeptischer aus als bei Platon. Gewiß kann die Theorie auf indirekte Leistungen für die Polis verweisen. Die dialektische Topik erwirkt jene Versachlichung der Rhetorik, die sie in den Stand setzt, auf Mittel bloßer Emotionsweckung zu verzichten (siehe unten § 14). Und theoretischem Ethos korrespondiert jenes Niveau des Zielbewußtseins der Polis, das die ›Nikomachische Ethik‹ (1174 b 4—6) klassisch formuliert hat: „wir mühen uns ab, um Muße zu gewinnen, und wir führen Krieg, um in gesichertem Frieden zu leben". Dies ist aber jener Satz, mit dem die ›Politik‹ später ihr Verbot des Angriffskrieges sowie einer expansiven Handelspolitik begründen wird (siehe unten § 17). Bemerkenswert knapp äußert sich die ›Metaphysik‹ hingegen hinsichtlich direkter Leistungen der Theorie für die Lebenspraxis: „Die Lebensform des Gottes ist die bestmögliche, wie sie uns nur für kurze Zeit beschieden ist; so verhält sich jener immer, was für uns unmöglich ist, da dessen Tätigkeit Freude ist." (1072 b 14—16)

Diese Einschränkung wird in der ›Nikomachischen Ethik‹ (1177 b 24—26) näher präzisiert: im Leben gemäß der Theorie „dürfte das vollendete Glück des Menschen liegen, das die volle Länge des (menschlichen) Lebens einnimmt; nichts ist nämlich unvollendet, was zum Glück gehört". Mag die letztere Bestimmung auch positiv formuliert sein, so kommen doch beide Sätze darin überein, daß Theorie nur die bestimmte Lebensform des βίος θεωρητικός steigert, nicht aber das ganze Leben in der Polis, das auch die Formen des apolaustischen und des politisch-praktischen Lebens einschließt. Zudem verheißt Theorie Erfüllung nur für dieses Leben, nicht aber die Gewißheit eines erfüllten Weiterlebens nach dem Tode. Die schon in der ›Poetik‹ ausgeschlossene Möglichkeit absoluter Katharsis wird in der ›Metaphysik‹ ebensowenig verteidigt. Je mehr reine Theorie unter erklärtem Verzicht auf Mythen sich auf ihre authentischen Möglichkeiten argumentativer Demonstration beschränkt, um so größer wird die Kluft zwischen gesicherter

Erkenntnis und lebenspraktisch motiviertem Streben nach Totalversöhnung. Wäre es Kant schon möglich gewesen, Aristoteles im Original zu lesen, so hätte er einräumen müssen, daß dessen Metaphysik den Unterschied zwischen hundert wirklichen und hundert gedachten Thalern sehr wohl gesehen hat.

§ 14. Dialektische Topik und kunstgerechte Rhetorik

Mit seiner Theorie der theoretischen Wissenschaft hat Aristoteles endlich auch begründet, warum diese kaum geeignet ist, das Leben in der Polis mit seiner Mannigfaltigkeit und Verschiedenartigkeit politisch wirksam zu beeinflussen, und warum, versuchte sie es doch, dies zur Freude des Sophisten mißlingen müßte. Im Falle der Rhetorik bedeutete dies für Aristoteles, bliebe er bei den platonischen Voraussetzungen, daß er notwendig sein Ziel verfehlte, jenen Rhetoriklehrern, die nur eristische Spitzfindigkeiten und Techniken der Emotionserregung lehren, ihren Einfluß auf rhetorische Lehre und Praxis streitig zu machen. Aristoteles, selber Rhetoriklehrer, hat sich aber erklärtermaßen das Ziel gesetzt, Eristik als gängige Elementarlehre der Rhetorik durch eine bessere zu überbieten, und siedelt diese unter dem Namen dialektische Topik folgerichtig genau zwischen den apodeiktischen Schlüssen der Philosophie, d. h. der theoretischen Wissenschaften, und den eristischen der Sophistik an (Topik 162 a 15 ff.). Diese Topik, eine Systematik der „sedes argumentorum", grenzt sich von der Apodeiktik ab, sofern sie sich mit Dingen befaßt, über die man streiten kann, und von der Eristik, sofern sie sich nicht mit Dingen befaßt, über die man nicht streiten soll: wer nämlich bestreitet, daß Schnee weiß ist, mag besser hinsehen; und wer daran zweifelt, daß man Götter und Eltern ehren solle, verdient als Antwort nicht Argumente, sondern Prügel (105 a 3—7). Das Doppelziel des Aristoteles, argumentativ zu versachlichen und praktisch einzugreifen, bestimmt jene Arbeitsteilung, daß Philosophie und Dialektik die systematische Analyse der Topoi gemeinsam leisten (155 b 7 ff.), Dialektik aber alleine als Gegenstück der Eristik (183 b 1 ff.) deren Absicht durchkreuzt, um jeden Preis zu obsiegen (159 a 33). In der Tat ist es zweierlei, in Muße über ein Problem nachzudenken und im Wortstreit eine These durchzufechten (177 a 6—8). Wenn aber Theorie qua Dialektik sich einem solchen Streit stellt, dann gehört auch sie zu den Involvierten, sofern die Dialektiker selber Züge derjenigen annehmen können, gegen die sie disputieren (164 b 8—15), und die Empfehlung etwa beherzigen müssen, wenn der Gegner gar zu hartnäckig sei, ihn auch persönlich und nicht nur in der Sache anzugreifen (161 a 21—24). Die Lösung des Konflikts zwischen Wahrheit der theoretischen Muße und Unwahrheit der sophistischen Täuschung hat Aristoteles sich also ein wenig mehr kosten lassen als Platon im ›Theaitet‹.

Basis des theoretische Systematik applizierenden Eingriffs ist formal das Schema der vierfachen Möglichkeit, die Verknüpfung eines Subjekts mit einem Prädikat zu überprüfen; und aus dieser Urteilsüberprüfung resultieren zwangsläufig „Örter" der Argumentation (101 b 37 bis 102 b 26).

1. Das Akzidenz (συμβεβηκός) ist eine zufällig „mitfolgende" Eigenschaft, die einem Subjekt manchmal, aber nicht notwendig zukommen: Quintus sitzt gerade. — Diese Örter aus dem Akzidenz schützen das Recht der besonderen Umstände (116 a 21 f.). Zwar müssen auch die pferdevernarrten Griechen anerkennen, daß jeder Mensch schlechthin besser als jedes Pferd ist (117 b 33—39), aber bei Alternativen zwischen gleichgearteten Möglichkeiten entscheidet das Akzidenz (117 a 5—9). Der Überfluß ist der Notwendigkeit überlegen, weil jener zum Gutleben, diese nur zum Überleben gehört (118 a 6—15). Für die Wahrung bürgerlichen Gutlebens verwendet sich auch die Überlegung, die unter Hinweis auf das Akzidenz des Zeitumstandes vor Überschätzung militärischer Tugenden warnt: der Gerechtigkeit bedarf es jederzeit, der Tapferkeit nur von Zeit zu Zeit. Zum selben Ergebnis gelangt auch, wer sich überlegt, welche Seite geringerer Ergänzung bedarf: wenn alle gerecht sind, ist Tapferkeit überflüssig; wenn aber alle tapfer sind, bedarf es sehr wohl der Gerechtigkeit (117 a 34—b 2) — ein Argument, das Aristoteles noch zweimal (118 a 16—18/36—39) bekräftigen wird. Politische Sorge motiviert auch den Hinweis auf das Akzidenz der Klugheit (φρόνησις), dem Alter anzugehören, sofern diese niemand bei Jugendlichen anzutreffen erwarte, so daß diese auch üblicherweise nicht zu Führern gewählt würden (117 a 27—29).

2. Die Gattung (γένος) macht diejenige Eigenschaft aus, die verwandten Phänomenen gleichermaßen zukommt: Mensch und Ochse sind Lebewesen, aber nicht Stein. Das Beispiel zeigt, daß die Zuordnung zur Gattung das „genus proximum" ebenso beachten muß wie die „differentia specifica" der einzelnen unter die jeweilige Gattung subsumierbaren Unterarten (εἴδη). — Rücksicht auf die Gattung verhindert falsche Zuordnung, etwa des Gedächtnisses zum Habitus statt zum Aktus; sonst wäre Gedächtnis, dem Dogmatismus der Anamnesislehre gewiß willkommen, habituelles Festhalten an einmal angenommener Meinung (125 b 15—19). Die spezifische Differenz mißachtet, wer wie

Platon im ›Protagoras‹ (329 c ff.) aus der gemeinsamen Gattungszugehörigkeit der Tugenden Einsicht, Gerechtigkeit und Tapferkeit auf deren definitorische Identität schließt (108 a 1—3). Der plantonischen Bestimmung politischer Ordnung durch den Einklang[34] hält Aristoteles entgegen, daß Töne, aber nicht Mäßigkeit und Besonnenheit zum Einklang gehören (123 a 33—37). Eine schöne Metapher könnte sonst die in ihr enthaltenen Zumutungen kaschieren, indem sie unterschlägt, daß weder die Gattung Einklang die Tugend unter sich subsumiert noch die Gattung Tugend den Einklang (139 b 32—140 a 2).

3. Das Proprium (ἴδιον) gestattet die Vertauschung von Subjekt und Prädikat, weil es diejenige spezifische Eigenschaft nennt, die ausschließlich dem bezeichneten Subjekt zukommt. Der Satz, dem Menschen sei das Lachen eigen, ist in der Tat umkehrbar: wem das Lachen eigen ist, der muß ein Mensch sein. — Die unerlaubte sophistische Übertragung des Proprium von Wissen, durch Gründe nicht widerlegbar zu sein, auf den Wissenden selbst, um dessen Unfehlbarkeit vorzuspiegeln, verkennt, daß sich das Proprium des Wissens und des Wissenden schon grammatisch unterscheiden: Wissen ist etwas, Wissender aber einer, so daß beider Identität auf einem jeweils andersartigen Proprium beruht (133 b 28—134 a 4). Die Kontrolle des Proprium dient auch der Abwehr von Vorurteilen: gewiß kann ein Enterbter sittlich korrupt sein; aber der Schluß, daß einem Enterbten dieser Charakterzug unverwechselbar eignet, wäre ein Vorurteil, das Akzidentelles für Proprium ausgibt (112 b 15—20). Mit einer ähnlichen Figur läßt sich auch die Differenz der aristotelischen und der ciceronischen Topik darstellen: für Cicero ist die Stoffindung (inventio) Proprium der Topik, für Aristoteles begleitendes, wenn auch willkommenes Akzidenz.

4. Die Definition (ὅρος) sagt, ebenso umkehrbar wie das Proprium, von einem Subjekt dessen umfassende Wesensbestimmung aus, unterscheidet sich aber darin, daß sie diesem nicht nur wie eine der drei genannten Formen von Eigenschaften zukommt: wie jeder Mensch ein vernunftbegabtes Wesen ist, so ist auch jedes vernunftbegabte Wesen notwendig ein Mensch. — Der Nachweis einer falschen Definition genügt zur völligen Widerlegung einer These. Die Definition der Gerechtigkeit etwa als Gesetzeshüterin verwechselt das Ziel, eben die

[34] Von dieser Bestimmung war Platon, Politeia 430 e, ausgegangen, um Besonnenheit als naturgemäßen Einklang in dem, was in der Polis und in jedem einzelnen herrschen solle, zu bestimmen (432 a); und dieser Einklang bewährt sich politisch in der Herrschaft des vernunfthaften Seelenteils und im Verzicht der Beherrschten auf Rebellion (442 c—d).

Gerechtigkeit, mit seinem Mittel, der Rechtspflege (149 b 32—34). Die Überprüfung empfiehlt sich insbesondere, wenn der Gegner durch Homonymien Doppeldeutigkeiten für sich ausnutzt. Wer in einer bestimmten Situation vom Gebotenen spricht, präzisiert nicht, ob er das bestimmten Interessen Dienliche oder das sittlich Gute meint (110 b 10). Wer die Grundbedeutung eines der Wörter für tapfer (εὔψυχος) = „gut in der Seele“ (εὖ τὴν ψυχήν) für sich zu nutzen weiß, vermag die für den Schluß von militärischen Tugenden auf Sittlichkeit schlechthin möglicherweise bestehende Beweislücke elegant zu überspringen (112 a 32 ff.).

Der Zweck der Entfaltung solcher Argumentationssystematik wäre indes verfehlt, wenn Aristoteles nicht zu demonstrieren vermöchte, daß seine damit gewonnene rhetorische Elementarlehre den eristischen Schlüssen, wie sie die Sophistenschulen lehren, überlegen ist. Das Buch ›Sophistische Widerlegungen‹ bildet daher sachlich auf jeden Fall als neuntes Buch den Abschluß der acht Bücher ›Topik‹. Ein plastisches Bild vom Betrieb der Sophistenschulen vermittelt uns Platons Dialog ›Euthydem‹. Im Kreise der Eristiker soll Kleinias, ein junger Freund des Sokrates, etwa entscheiden, ob die Dummen oder die Klugen lernen. Natürlich wird Kleinias jedesmal blamiert: antwortet er, die Klugen lernen, so stimmt das nicht, weil Schüler nur lernen, was sie noch nicht wissen, Nichtwissende aber nicht klug sein können. Antwortet er jedoch, die Dummen lernen, so kann das auch nicht stimmen, weil nur die Klugen verstehen, was der Lehrer erklärt (275 d— 276 c). Hätte Kleinias bei Aristoteles ›Topik‹ gehört, so hätte er die plumpe Täuschung unter Hinweis auf die Zweideutigkeit der Definition von klug zurückweisen können. Zugleich lehrt das Beispiel, dem im ›Euthydem‹ weitere folgen, daß Aristoteles sich nicht scheuen durfte, auch Selbstverständlichkeiten auszusprechen, wenn er ähnlich gelagerte Plattheiten dekuvriert. So beruht auf falscher Gattungszuordnung der Schluß: Koriskos ist von Sokrates, einem Menschen, verschieden; dann kann Koriskos kein Mensch sein, da mit Mensch verbunden war, wovon Koriskos sich unterschied (Soph. El. 166 b 27—36). Sofern ferner ein Akzidenz nicht notwendig nur auf ein und dieselbe Ursache folgt, darf man nicht daraus, daß ein Fiebernder heiß sei, schließen, jeder Heiße habe Fieber (167 b 19). An anderer Stelle hat Aristoteles übrigens auch Platon eines eristischen Schlusses durch Nutzung uneindeutiger Definition geziehen: dessen Postulat, alle sollten zugleich „mein“ oder „nicht mein“ sagen (Politeia 462 c, 464 a), übersieht nämlich, daß der Satz auch in einem anderen als dem gemeinten Sinne auslegbar ist, wenn „alle“ bedeutet, „jeder für sich“ spreche von seiner Frau als seiner Frau;

Platons einseitiges Verständnis mißbrauche aber in eristischer Weise den Doppelsinn seiner Formulierung (Politik 1262 a 16—32).

Nachdem Aristoteles nun in den ›Sophistischen Widerlegungen‹ noch weitere Beispiele zur Demonstration eristischer Substanzlosigkeit folgen ließ, unterstreicht er mit Nachdruck die Einheit aller neun Bücher, wenn er im Schlußkapitel erklärt, ihm sei es erstmals gelungen, mit seiner Elementarlehre eine systematische Kunstlehre der Rhetorik vorzulegen, deren Rezeption allerdings mühsamer sei als die Einübung jener noch nicht einmal für den Zufallsgebrauch zureichenden eristischen Schlüsse. Folgerichtig beginnt denn auch die ›Rhetorik‹ mit dem Satz, diese sei das Gegenstück zur Dialektik. Und Aristoteles könnte ohne Umschweif die dialektische Topik ihre rhetorische Bewährungsprobe liefern lassen, wenn Platon die Rhetorik nicht vor die Wahl gestellt hätte, sich als bloße Routine der Erzeugung interessenperspektivisch bedingten Scheins zu erklären (›Gorgias‹) oder, falls sie das verschmähe, als absolute Dialektik das substanzielle Göttliche auszusagen und zu vollstrecken (›Phaidros‹). Da jedoch Rhetorik in beiden Fällen keine Kunst wäre, ist Aristoteles zuvor genötigt, in der Mitte zwischen beiden Extremen den Kunstcharakter der Rhetorik zu legitimieren. Da nun jedermann prüft, begründet, verteidigt und anklagt, dies aber sowohl blindlings wie habituell geschieht, ist zu erwarten, daß dabei auch methodisch verfahrende Kunst am Werk ist. Herauszufinden, wie dabei der Argumentierende teils in bewußter Gewohnheit, teils unwillkürlich das Rechte trifft, ist das Geschäft einer Theorie der Rhetorik als Kunst. Eine wesentliche Voraussetzung ist wiederum die, daß die Rhetorik gleich der Dialektik weder als theoretische Wissenschaft das notwendig Unveränderliche thematisiert noch sich in die Zuständigkeit spezialisierter Einzelkünste einmischt, sondern sich dem widmet, worüber man zu beraten pflegt (Rhet. 1356 b 37—1357 a 7). Als nichtspezialisierte Kunst diesseits der Philosophie verwendet Rhetorik künstliche Überzeugungsmittel, von denen sich die nichtkünstlichen wie Gesetze, Zeuge, Vertrag, Foltergeständnis und Eid wie bloße Einschiebsel (1354 a 14) unterscheiden (1356 a 1 ff.). Aber auch die „künstlichen" Mittel gilt es zu unterscheiden. Das erste, die Autorität der integeren Person, sollte sich von selbst verstehen. Das nächste, die Technik, Leidenschaften zu erregen und ein Klima der Verleumdung, des Mitleids oder der Empörung zu schaffen, ist auf jeden Fall ein schlechtes Mittel, obwohl, wie Aristoteles klagt, viele Rhetorenschulen sich auf die Vermittlung derartiger Techniken beschränken und darüber vergäßen, daß die beste Möglichkeit kunstgerechter Beweisführung die begründende Rede ist, sofern sie die der Sache zugrunde liegenden Überzeugungsgründe offenlegt (1355 b 25—34). Neben dieser Zurückweisung der Emotionsentfachung, die Platon gegen die Sophisten recht gibt, steht aber die Behauptung der Autonomie der Rhetorik als einer Kunst: außer der Tugend schaden bei unrechtem Gebrauch jede Kunst und jedes Gut wie Stärke, Gesundheit, Reichtum, Feldherrnkunst (1355 b 2—7); zudem bewährt sich die Rhetorik auch dann schon als Kunst, wenn sie nur die jeweils situationsgerechten Überzeugungsgründe darlegt: stirbt nämlich ein Patient bei richtig verordneter Therapie, so erwächst daraus ja auch kein Einwand gegen den Kunstcharakter der Medizin (1355 b 10—14). Aristoteles sieht, daß der Kunst der totale Erfolgszwang nicht zuzumuten ist, hält aber am internen Verbot des Kunstfehlers fest. Kunstgerecht verfährt aber die Rhetorik, wenn sie in Ausschöpfung ihrer genuinen Möglichkeiten mit Epicheiremen („Handhaben“) ihr Beweisziel überzeugend erreicht. Epicheireme sind entweder Beispiele zur Aufstellung eines Induktionsbeweises (was damals geschah, kann jederzeit wieder eintreten), oder Enthymeme, jene rhetorischen Syllogismen, deren Elemente die Topoi sind (1396 b 20 f.). Die Lehre vom Enthymem macht nun für Aristoteles das Hauptstück der Rhetorik aus (1354 a 14 f.), zumal es die Zuhörer auch am meisten beeindrucken dürfte (1356 b 24), während Beispiele nur zur Unterstützung der Enthymeme dienen sollten (1394 a 2—8). Nachdem aber Aristoteles den Enthymemen soviel Bedeutung beigemessen hat, ist es nur folgerichtig, wenn er nunmehr ausführt, wie diese aus ihren Elementen, den Topoi, abzuleiten sind.

Wie aus entsprechenden Topoi rhetorische Enthymeme zu gewinnen sind, hat Aristoteles zunächst für die symbuleutische, in lebenspraktischen Fragen „beratende“ Redegattung ausgeführt. In der ›Topik‹ hat Aristoteles diesen Teil vorbereitet, als er aus dem Akzidenz Örter entwickelte, die einer rationalen Güterwahl im Interesse des Gutlebens dienen (ebda. 116 b 22—117 a 4). Was Zweck um seiner selbst willen ist, verdient den Vorzug vor dem Mittel wie etwa die Gesundheit vor der Turnkunst. Während also grundsätzlich das Ziel dem Mittel an und für sich überlegen ist, muß im einzelnen nach dem Akzidenzprinzip das dem Endzweck des Gutlebens zugehörige Ziel für besser erachtet werden und entsprechend das dem besseren Ziel jeweils zugehörige Mittel. So sind Glück und Freundschaft dem Reichtum und Gerechtigkeit der Gesundheit überlegene Güter. An diese Grundlegung knüpft die ›Rhetorik‹ (1360 b 1 ff.) an, um zu präzisieren, mit welchen Argumenten die symbuleutische Rede zu- oder abraten solle, nachdem er zuvor die bürgerlichen Vorstellungen vom Glück samt seinen Momenten aufgenommen und damit den Rahmen der Beratung abgesteckt hat.

Damit nun eine Entscheidung auf rationaler Begründung fußen kann, wenn innerhalb des Rahmens der allgemeinen Bestimmungen des Glücks im einzelnen Unklarheit über das Ziel oder die Wahl der Mittel besteht, überträgt Aristoteles die aus der Topik des Akzidentellen entwickelten Schlußfiguren in die Rhetorik (1362 b 29—1365 b 19): das Gute ist immer das, wovon das Gegenteil ein Übel ist, was sich nicht mit Übertreibung verbindet, wonach viele streben, was allgemein gepriesen wird, was der kluge und der gute Mann wählt, was kein Schlechter unternimmt, was persönlicher Neigung entspricht. Diese Überlegungen gelten entsprechend, wenn Einigkeit über das Gut selbst besteht, aber nicht über den Grad seines Mehr oder Weniger. Wiederum entscheidet der Aspekt des Selbstzweckes; die Frage, ob das zu wählende Gut geringerer Ergänzung bedarf oder leichter zu beschaffen ist; Beispiele von Entscheidungen Einsichtiger oder Aller; schließlich die Frage, ob der eingeschlagene Weg mehr zur Verwirklichung oder bloß zur Scheinverwirklichung des angestrebten Guten führt.

Neben der beratenden Rhetorik steht die streitbare, die die Argumente des Gegners widerlegen oder für sich ausnutzen muß. So bietet die Beachtung der Definition die Möglichkeit, den Gegner auf implizit Eingestandenes festzulegen. Wer von „Dämonischem" spricht, kann nur an das Wirken eines Gottes denken, räumt also das Dasein der Götter ein. In anderer Weise trifft das Implikationsargument den, der sich über sittliche Schranken hinweggesetzt hat, sofern er sich erwartungsgemäß nicht mit dem Genuß nur eines Körpers zufriedengeben wird (1398 a 15—27). Die Unterscheidung von Gattung und Art bestätigt die These von der Bewegung der Seele nur dann, wenn eine bestimmte Art innerhalb der Gattung Bewegung gemeint ist, die auch für die Bewegung der Seele zutrifft; oder aber die Seele bewegt sich überhaupt nicht. Unter Berufung auf das entsprechende Beispiel aus der ›Topik‹ (111 b 4—8) zitiert die ›Rhetorik‹ (1399 a 7 ff.) aus dem ›Sokrates‹ des Theodektes: „Gegen welches (bestimmte) Heiligtum hat er gefrevelt? Welchen der Götter hat er nicht geehrt, dessen Kult die Polis pflegt?" — Auf dem Akzidenz fußen ferner Enthymeme, die auf dem Topos vom Mehr oder Weniger beruhen. Wenn etwas dort vermißt wird, wo es sich eher finden könnte, dann erst recht, wo man sein Vorhandensein noch weniger erwartet. Auf Umkehrung dieser Figur beruht der Schluß: wenn jemand den Vater mißhandelt, dann sind auch die Nachbarn vor ihm nicht sicher. Dies wiederum gestattet die Ausdehnung auf Analogieschlüsse: wenn andere Berufe nicht schlecht sind, dann gilt das auch nicht für die Philosophie; oder wenn dies nicht für

Feldherrn zutrifft, die häufig töten lassen, dann auch nicht für die Sophisten (1397 b 12—29). — Ebenfalls zu den Schlüssen aus dem Akzidenz gehört es, mit Zeitumständen und Folgen zu argumentieren (1397 b 30 ff.): der Gebildete hat das Übel zu gewärtigen, daß er Neid erregt, aber das Gut, als weise zu gelten (1399 a 11 ff.). Hierzu gehört auch die Figur der negativen Konsequenz: wenn gute Söldner das Bürgerrecht erhalten, dann soll man auch schlechte außer Landes jagen (1399 a 35 ff.). Indes verdient die Überbewertung der Umstände nicht minder Tadel als ihre Unterschlagung: so bedeutet einen Freien zu schlagen nicht notwendig Beleidigung, wenn er etwa pöbelhaft Händel begann (1402 a 1—3). — Akzidenz und Proprium vertauscht, wer aus Anzeichen übereilt folgert, Dionysios sei schon darum des Diebstahls überführt, weil er als schlecht bekannt ist (1401 b 9—14), und ein Nachtschwärmer, der gut aussieht, komme deshalb auch als Ehebrecher in Betracht (1401 b 23 f.). Auf böswilliger Vertauschung von Akzidenz und Proprium beruht jedoch der Schluß von dem unter bestimmten Umständen Wahrscheinlichen auf das schlechthin Wahrscheinliche: einen Schwächling wird man nie der Körperverletzung beschuldigen, weil ein solches Delikt bei ihm wenig wahrscheinlich ist; dem Kräftigen aber, bei dem es schon eher wahrscheinlich wäre, wird man gerade dies Vergehen aber auch nicht zutrauen, weil er ja am ehesten fürchten muß, einschlägig verdächtigt zu werden. Derartiger Schlußfiguren aber, die notwendig jedermann freisprächen, bediene sich die Kunst des Korax und des Protagoras, die schwächere Position illegitim zu stärken (1402 a 14—28).

Nicht ohne Absicht hat wahrscheinlich Aristoteles unter namentlicher Erwähnung der bekanntesten Eristiklehrer seine Übersicht abgeschlossen, wie streitbare Rhetorik sich mit sachlichen Mitteln ihrer Gegner erwehren kann. Damit hat sich der Kreis geschlossen. Dialektische Topik hat sich als rhetorische Elementarlehre ebenso in der Überwindung der Eristik wie in der Konstituierung kunstgerechter Rhetorik bewährt. Diese Leistung ist für die griechische Polis von nicht zu unterschätzender Bedeutung. Das belebende Element, die Agonalität, wird nicht bei Strafe einer alsdann verödeten Polis erstickt, aber ebensowenig, was nicht minder gefährlich wäre, in schrankenloser Willkür zugelassen. In dieser Rolle ist Rhetorik eine Erscheinungsform bürgerlicher Freiheit, die die Redefreiheit auf der Agorá ermöglicht. In der Tat trat denn auch in Rom das Ende der Rhetorik mit dem Ende republikanischer Lebensformen ein. Im ›Dialogus de Oratoribus‹ (41, 4) findet Tacitus über das Ende der Rhetorik den ironischen Trost, daß nunmehr das Wort das „sapientissimus et unus“ Dispute der vielleicht weniger wissenden Vielen überflüssig macht. Indes, die Analyse der Bedingungen der Möglichkeit von Rhetorik gehört nicht mehr zur Darstellung eines poietischen Vermögens und seiner Grundlagen; dies ist vielmehr Sache der Rezeption der praktischen Philosophie.

§ 15. Die Trennung von Haus und Agorá als Voraussetzung bürgerlicher Freiheit

Der fundamentale Einwand des Aristoteles gegen Platons Einheitspolis liegt darin, daß er das Haus als Privatsphäre Haus und die Agorá als politische Sphäre Agorá sein läßt. Auf der Agorá hat jeder Bürger teil am Wechselspiel von Herrschen und Beherrschtwerden unter Gleichen. Die Doppelbedeutung von πολιτικός, Bürger und Politiker, bestätigt nur, daß jeder Bürger potentiell politische Ämter führt; er genießt dies Privileg, sofern sein Leben in die über das Haus hinausreichende Agorá ragt. Dagegen ist der auf das Haus beschränkte Sklave („οἰκέτης") unfrei, während Frau und Kinder über den Mann Anteil an der Freiheit haben: die Frauen machen die Hälfte der Freien aus, und die Knaben werden als Männer selbst dereinst Politiker sein (Polit. 1260 b 19 f.). In der Bestimmung der bürgerlich-politischen Freiheit ist nun Aristoteles sehr detailliert vorgegangen. Die Freiheit des Bürgers liegt darin, daß er bei-sich-selbst-seiend nicht um eines anderen willen lebt und handelt (Metaph. 982 b 26). Umgekehrt ist derjenige von Natur Sklave, der, obwohl Mensch, nicht sein, sondern eines anderen eigen ist (Polit. 1252 a 33—1254 b 21). Freiheit genießt folglich, wer äußerlich und wirksam seinen Willen in eine Sache legen kann; der Sklave aber lebt, wie er niemals leben will (1317 b 13). Besonders sichtbar eignet das Moment des Bei-sich-selbst-Seins demjenigen Leben, das die Muße kennt, von der wiederum der Sklave ausgeschlossen ist (1334 a 21). Alle Vollbürger sind ferner berechtigt zur Besorgung des Allgemeinen und zur Teilnahme an der Verwaltung der gemeinsamen Angelegenheiten. Neben dem Recht zur Besorgung des Allgemeinen steht dasjenige zur Besorgung des Eigenen in der abgetrennten Privatsphäre des Hauses, dem Ort des Zusammenlebens von Frau, Kindern, Verwandten, Freunden und Nachbarn. Notwendige Voraussetzung für die Besorgung des Eigenen ist aber die Rechts- und Eigentumsfähigkeit. Der Freie ist Eigentümer, niemals Eigentum, während der Sklave als Besitzstück lebendes Werkzeug im Dienste der Besorgung der Bedürfnisse seines Herrn ist (1253 b 6—1256 a 3). Der Sklave ist als Eigentum des Herrn weder rechts- noch vertragsfähig (Nik. Eth.

1161 b3—7). Als Rechtssubjekt ist der Herr Person, der Sklave als Rechtsobjekt Sache.

Den Gewinn dieser Bestimmungen bürgerlicher Freiheit, die vermöge ihrer Abhebung von der Unfreiheit des Sklaven deutlich als Relationsbegriff gekennzeichnet ist, gilt es nun zu sichern. Dies leistet mit Vorrang der institutionelle Unterschied zwischen Agorá und Haus. Daraus wiederum erhellt, weshalb Aristoteles gleich eingangs der ›Politik‹ gegen Platon (Politikos 259 b) herausarbeitet, daß zwischen Staatsmann und Hausherr sehr wohl mehr als ein bloß quantitativer Unterschied bestünde. Zweifellos ist das Haus Teil des Ganzen der Polis, jedoch insofern vorpolitisch, als der Hausherr er selbst gegenüber Familie und Gesinde, nicht als Glied unter politisch Gleichberechtigten ist. Wer daher auf der Analogie von Staatsmann und Hausherr beharrt, brächte das Politische selbst zum Verschwinden. Aber die Folgen reichen noch weiter. Sobald nämlich in der Umkehrung dieses Vorganges das Haus dank jener Analogie vom Politischen absorbiert würde, hätte der Hausherr zu der politischen auch noch die persönliche Freiheit eingebüßt. Mit der so begründeten Unterscheidung anerkennt nun Aristoteles das Resultat der geschichtlichen Bewegung vom Einzelhaus über die Sippen- und Dorfgemeinschaften zur Bildung der Polis. Das Dorf findet sein Telos in der Polis, die allein dem Definitionsmoment des Politischen, Autarkie zu gewähren, genügen kann (Polit. 1261 b 6—15). In diesem Sinne ist die Polis selbstgenugsam, wenn sie den Lebensunterhalt garantiert, die Entwicklung der Künste befördert, militärische Sicherheit verbürgt, die öffentlichen Ausgaben bestreitet, den religiösen Kult trägt und die Behörden einsetzt (1328 b 2—23). Nur der über die Haussphäre hinausliegende Bereich des Politischen erwirkt jene die Freiheit der Bürger tragenden Institutionen. Zugleich findet aber auch das Haus bei diesem Prozeß zu seiner wahren Bestimmung: das Haus will Teil der Polis werden (1252 b 30—34), und das heißt, es will über die Stufe eines bloßen Zweckverbandes hinaus. Daher betont Aristoteles, daß die Ehe als Gemeinschaft des ganzen Lebens mehr bedeutet als Zweck der bloßen Fortpflanzung (Nik. Eth. 1162 a 16—24). Diese Befreiung des Hauses vom Charakter einer Notgemeinschaft wäre ohne entsprechende politische Voraussetzungen nicht möglich. Die Freiheit der Polis, an der der Herr teilhat, seitdem das Politische aus dem Hausverband entlassen ist, strahlt gleichermaßen befreiend auf das innere Leben im Hause zurück. Aus diesen Gründen hat Aristoteles so nachdrücklich davor gewarnt, Platon folgend die Trennung von Privatsphäre des Hauses und Öffentlichkeit der Agorá rückgängig zu machen.

Nicht von ungefähr konzentriert daher Aristoteles seine politische Auseinandersetzung mit Platon auf das Thema der Weiber- und Gütergemeinschaft, die allerdings die Trennung von Haus und Agorá, das humanisierende Resultat eines geschichtlichen Prozesses also, wieder preisgibt. Daher argumentiert auch Aristoteles im ersten Teil des II. Buches der ›Politik‹ bewußt hermeneutisch gegen Platons These, wenn seine Ausgangsfrage, ob die Bürger alles, einiges oder gar nichts gemeinsam haben sollen (1260 b 36 ff.), sogleich in die allgemeinere Frage übergeführt wird, ob man so verfahren solle, wie es tatsächlich geschieht oder wie Platon vorschreibt (1261 a 8 f.). Die ironische Verwunderung darüber, daß einer so langen Geschichte menschlicher Erfahrungen die so vorteilhaften Einrichtungen Platons entgangen sind, involviert die Erwartung, daß in dem, was tatsächlich geschieht, vielleicht doch ein wenig mehr Vernunft steckt, als Platon zugibt (1264 a 1—6). Nachdem nun Aristoteles diese Vermutung mit einer Fülle pragmatischer und juristischer Einwände gegen Platons Ineinssetzung von Haus und Agorá bestätigt und damit begründet, warum Entprivatisierung jedwede zwischenmenschlichen Beziehungen nur belastet, zugleich aber auch deutlich gemacht hat, wie sehr sittliches Handeln gerade an der Struktur des Bestehenden hänge, dürfte doch Großzügigkeit im Umgang mit Gemeineigentum kaum eine Tugend sein (1263 a 40—b 14), wendet er sich noch einmal grundsätzlich gegen diejenige Auffassung, die

> die jetzt in den Staaten bestehenden Übel der Einrichtung schuld gibt, daß der Besitz kein gemeinsamer ist, die Rechtshändel über Verträge meine ich, die gerichtlichen Erhebungen wegen falschen Zeugnisses, die Umschmeichelung der Reichen.

Die Erfahrung bestätigt nämlich diese Erklärung nicht; denn

> alle diese Dinge kommen nicht von der fehlenden Gütergemeinschaft, sondern von der menschlichen Schlechtigkeit, da ja doch erfahrungsgemäß solche, die etwas gemeinsam haben und nutzen, viel mehr Streit miteinander bekommen als die Inhaber von Privateigentum. (1263 b 18—25)

Gegen den Reflexionsstandpunkt setzt das praktische Bewußtsein auf Hermeneutik und übertrifft diesen noch in seiner exklusiv beanspruchten Kompetenz, normative Einsichten zu vertreten und deren Akzeptieren zu erwirken. Ins Positive gekehrt, hat Aristoteles der Polis vorgerechnet, daß die Aufhebung des Unterschiedes zwischen Haus und Agorá das mühsam hergestellte Gleichgewicht zwischen geschichtlichen Institutionen und natürlicher Schlechtigkeit des Menschen und in einem damit die Voraussetzungen der Sittlichkeit und der Freiheit des Handelns auf dem Boden politischer Gemeinwesen zerstört hätte.

§ 16. Die aristotelische Lehre von der Gerechtigkeit, dem Recht und der Billigkeit

Neben der aristotelischen Fragestellung, an welchen humanisierenden Wirkungen sich die öffentliche Institution des Rechts bei Trennung von Agorá und Haus ausweise, nimmt sich die platonische Antwort, daß mit Vollstreckung absoluter Gerechtigkeit die Probleme der Tugend, des Rechts und der Politik gelöst sind, allzu einfach aus. Immerhin erklärt aber diese Diskussionslage, warum Aristoteles das Problem der Gerechtigkeit nicht in der ›Politik‹ aufnimmt, sondern im V. Buch der ›Nikomachischen Ethik‹, das das Generalthema „ethische Tugenden" zum Abschluß bringt. Dort knüpft er an Platons Begriff „Gerechtigkeit schlechthin", das oppositum zu „Mehrhabenwollen" an (1129 b 10), deutet ihn jedoch von vornherein als die bestimmte Gerechtigkeit des sittlichen Anstandes. Aus der Bewährung dieser Tugend erwächst Glück, zu dessen Gewährleistung der Nomos darüber wacht, daß man sich tapfer genug zeigt, nicht fahnenflüchtig zu werden; daß man so besonnen ist, nicht Ehebruch zu begehen oder Körperverletzung; daß man den Nächsten respektiert, Prügelei und üble Nachrede zu unterlassen (1129 b 17 ff.). In dieser modifizierten Form vermittelt also das „Gerechte schlechthin" — nicht mehr intensive Sorge um die Seele, sondern auf den anderen gerichtetes tugendhaftes Handeln (1129 b 27 ff.) — als Inbegriff vorjuristischer Sittlichkeit das Interesse des Allgemeinen und des privaten Glücks. Auf der anderen Seite macht nun die Erläuterung des Hinweises, man spreche von Gerechtigkeit in mehrfachem Sinne (1129 a 26), deutlich, daß zugleich mit der Bewahrung der „iustitia universalis" als Kategorie der vorjuristischen Sphäre die Unterscheidung zwischen Recht und Gerechtigkeit notwendig wird. Angesichts der politischen und wirtschaftlichen Struktur der bürgerlichen Polis ist die „Gerechtigkeit schlechthin" genötigt, das Recht als Summe spezieller Rechtsformen aus sich zu entlassen (1130 b 16—18), wenn bei aller Zusammengehörigkeit der „gute Mann" und der „gute Bürger" sich doch als zwei verschiedene Aspekte ein und derselben Person erweisen (1130 b 29). Gerechtigkeit zerfällt danach in die Tugend des „schlechthin guten Mannes" (1130 b 27) und die spezielle Form des bürgerlichen Rechts (1130 b 30 ff.), dem es obliegt, im Verkehr freier und gleicher Bürger untereinander verbindliche Entscheidungen über das jeweils gesetzmäßig Zukommende zu verkünden (1132 a 14—19). Indes hat auch das bürgerliche Recht seine privaten ebenso wie seine allgemeinen Aspekte. Zwar ist der Vertrag lediglich privater Nomos (Rhet. 1376 b 7) und insoweit dem von Natur gemeinsam Gerechten nicht identisch (1373 b 8): der bürgerliche Handelsvertrag gilt schließlich nur für die beiden Kontrahenten, nicht für die Gesamtheit der Bürger überhaupt. Gleichwohl gehört es aber zum allgemeinen Nomos, vertragliche Verpflichtungen einzuhalten, weil ebendarauf der innere Frieden der Polis beruht — ein Hinweis, der nicht einer Überbewertung des bürgerlichen Kontraktes, sondern einer Unterbewertung des politischen Nomos vorbeugen soll, der nur „so etwa wie“ ein Vertrag aussieht (1376 b 8—11). Aristoteles weigert sich, das Politische auf ein bürgerliches Privatvertragssystem zu reduzieren, wie Lykophron will, der das Gesetz als Vertrag und „Bürgen der gegenseitigen Gerechtsame“ erkläre und damit das Kernstück des Politischen, die Bürger gut und gerecht zu machen, opfere (Polit. 1280 b 10—12). Unter dem allgemeinen Aspekt der Sittlichkeit und Humanisierung sind daher denn auch die verschiedenen Formen des Privatrechts zu betrachten.

Die eine Form des bürgerlichen Rechts, die iustitia distributiva, die „geometrisch“ Ehre, Geld und andere Dinge den Bürgern je nach Würde zumißt (Nik. Eth. 1130 b 31 f.), ist offensichtlich ein im engeren Sinne politisches Recht, da man über die Würdigkeit, die eine besondere Auszeichnung rechtfertigt, in verschiedenen Verfassungsformen unterschiedlich urteilen dürfte (1131 a 25—29). Die andere Form, die iustitia commutativa, gliedert sich in Handels- und Strafrecht (1131 a 1—9). Diese beiden Rechtsformen zur Regulierung des bürgerlichen Verkehrs sind insofern abstrakt oder mit Aristoteles arithmetisch, als nicht sittliche Qualität und politischer Rang der Person zur Debatte stehen, sondern allein der Vorgang, ein Kontrakt, oder der Fall, ein Raub oder Ehebruch (1132 a 2—6). Das Handelsrecht sichert den „freiwilligen“ vertraglichen Verkehr: das Eintreten in wechselseitige Beziehungen hängt an der freien Entscheidung, zu veräußern oder zu vermieten, und zwar unter Anerkennung der für beide Partner gleichermaßen gültigen gesetzlichen Bestimmungen. Dagegen ist „unfreiwilliger“ Verkehr, der weder auf Zustimmung noch Anerkennung des Partners als freien Rechtssubjekts beruht, etwa Betrug, Zwang, Gewalt und Erpressung (1132 a 4—9). Der Erfolg des juristisch korrekten Warenaustausches, Freiheit und Willensentscheidung gleicher Bürger zu vermitteln, enthält offensichtlich ein Element der Rechtfertigung der bürgerlichen Polis, sofern der in ihren Mauern abgewickelte Handel sich angesichts dieser Wirkung als humane Transformation des archaischen Rechtsprinzip der Wiedervergeltung (ius talionis) erweist (1132 b 21 ff.). Wie einst jenes Primitivrecht durch die unmittelbare Sanktion das Chaos verhütete, so gewährleistet nunmehr der durch Geldverkehr abgewickelte Warenaustausch diejenige wiederver-„geltende“ Proportionalität, ohne die es in der Polis nicht Gemeinsamkeit und inneren Frieden gäbe (1132 b 32 f.). Aus dem Handel hat sich eine Form der Konfliktvermeidung entwickelt, die ökonomisch über Sachen vermittelt ist und daher auf die Inhumanität einer unmittelbaren Bedrohung von Personen verzichten kann. Anerkennung und Unverzüglichkeit ökonomisch vermittelter Konfliktvermeidung hängen an der Einführung des Geldes. Wenn die Waren durch Geld eindeutiger kommensurabel sind, so wird man um so eher bereit sein, ihren Preis als dem Warenwert angemessen zu akzeptieren (1133 a 19—21), mag dieser Maßstab bei der Instabilität der Währungen auch keineswegs absolut sein (1133 b 13 f.). Wenn ferner die Konsumenten, die um ihrer sie in gleicher Weise definierenden Bedürfnisse willen Handelsbeziehungen zueinander aufnehmen, nicht jederzeit an den gerade zum Tausch angebotenen Waren interessiert sein können, ist der unverzügliche Geschäftsabschluß gleichwohl möglich, da Bedarf an Geld, dem „Vertreter des Bedürfnisses“ (1133 a 29), immer besteht, verbürgt es doch die wiederum unverzügliche Befriedigung späterhin eintretender Bedürfnisse (1133 b 10—13). Der Prozeß von der Produktion nur für den eigenen Bedarf über den Naturaltausch zum Geldverkehr wird notwendig, sofern ein Merkmal humaner Praxis darin liegt, das Eigene in der Vermittlung eines Allgemeinen zu besorgen.

Wenn die Entwicklung des Marktes nur bei derart tiefgreifenden Wandlungen möglich war, so war es auch ein notwendiger Schritt, das dieser Verkehrssphäre der Freien und Gleichen zugeordnete bürgerliche Recht (1134 a 26—30) aus dem umfassenden Prinzip der iustitia universalis herauszulösen und für sich zu besondern. Gleichwohl steckt in der Anerkennung der Notwendigkeit einer geschichtlich vollbrachten Entzweiung für Aristoteles ein noch nicht hinreichend befriedigend beantwortetes Legitimitätsproblem, auf das er nur mit einer Komplementärtheorie eingeht: das Recht gliedere sich in das positiv gesatzte und in das ungeschriebene natürliche Recht, das überall in gleicher Weise gelte und jeder Beliebigkeit entzogen sei (1134 b 18—20). Naturrecht bedeutet indes für antikes Bewußtsein nicht System der absoluten Rechtsnorm, die jeder wie immer gearteter Positivität mißtraut. Dies zeigt ein Satz des Diogenes Laertios (III 86):

Das Gesetz läßt zwei Unterscheidungen zu; das eine ist geschrieben, das andere ungeschrieben. Wonach man in den Städten sein bürgerlich-politisches Leben führt, das ist das geschriebene Gesetz, was aber aus Sitte und Brauch sich herausgebildet hat, wird als das ungeschriebene bezeichnet.

Das natürliche Recht umfaßt also, was sich aufgrund des Herkommens von selber versteht und nicht eigens formulierter Satzung bedarf: seine Eltern ehren, Freunden Gutes zukommen lassen und sich gegenüber Wohltätern dankbar erweisen (Rhet. ad Alex. 1421 b 36—39). In dieser Bestimmtheit ergänzt das Naturrecht in seiner ungestörten Kontinuität das bürgerliche Recht und behauptet sich damit als unbezweifeltes Legitimitätskriterium. Wäre hingegen der Naturrechtsbegriff als abstrakt-metageschichtliche Norm definiert, so könnte er zur Beantwortung des aristotelischen Legitimitätsproblems gar nichts beitragen. Das Problem ins Negative gekehrt, interessiert sich nämlich Aristoteles nicht für Verhinderung von Willkür, sofern sie dem geschichtlich Positiven an sich inhäriert, sondern viel konkreter, sofern sie bei der Entlassung des Besonderen aus dem Ganzen des überkommenen Nomos auftreten kann. Nicht etwa die Zurückforderung des immer schon Verweigerten wahrt daher das von Natur Rechte, sondern das Festhalten an der immer schon bekannten Vernünftigkeit des geschichtlich gewordenen Nomos im Augenblick seiner Modifikation.

Um dieser im griechischen Naturrechtsbegriff liegenden Forderung nachzukommen, bietet sich zur methodischen Orientierung ein bestimmtes Institut der Rechtspraxis an. Notwendiger Bestandteil der Gesetzesauslegung ist seit alters das Billigkeitsprinzip (Nik. Eth. 1137 a 31 bis 1138 a 3), sofern allgemein formulierte Gesetze nicht jeden Einzelfall in seiner Besonderheit berücksichtigen können — ein Umstand, der nicht auf qualitative Mängel der Gesetzgebung verweist, sondern nur das Unvorhersehbare als Wesenszug der Praxis bestätigt. Das im Gesetz fixierte Gerechte bedarf daher zwecks Applikation des „beseelten Gerechten", des Richters, dessen Funktion Aristoteles geradezu in der Billigkeitsentscheidung erkennt. Dies Vermögen, auslegend das allgemeine Gesetz zum konkreten Fall zu vermitteln, ist notwendiges Moment der Rechtspraxis. Indes ist damit keineswegs dem „gesunden Rechtsempfinden" ein Freibrief ausgestellt, willkürlich Gesetzeslücken zu füllen. Allein ausschlaggebend ist die Frage, wie der Gesetzgeber selber verfahren wäre, hätte ihm dieser Fall auch schon vorgelegen. Die dem Gesetz ursprünglich zugrunde liegende Absicht geht in die Billigkeitsentscheidung ein; darin allein liegt ihre Rechtmäßigkeit, somit auch ihre Beispielhaftigkeit für die Frage nach der Legitimität bei Änderungsprozessen. Hier zeigt nun aber die Billigkeit eine

Schranke, die zugleich die Schranke der Rechtspraxis überhaupt ist: das Feld der Billigkeit ist die Gesetzesauslegung, nicht die Gesetzesänderung. In enger Auslegung führte daher des Rechtsmodell geradezu zur Behinderung vermittelnder Legitimierung, wenn ein kodifizierter Rechtssatz auch nicht durch Billigkeitsentscheidung der Besonderheit eines unerwartet aufgetretenen Konflikts gerecht werden könnte. Für diesen Fall will Aristoteles keinesfalls wie Platon unbesehen auf die Gesetzesänderung verzichten; dies liefe, so führt er in der ›Politik‹ (1268 b 25—1269 a 27) aus, auf restauratives Festhalten an jenen Primitivzuständen hinaus, da man stets in Waffen ging und die Frauen voneinander kaufte. Hier böte aber nun das Billigkeitsprinzip in extensiver Auslegung durchaus einen Ausweg. So abhold Aristoteles starrer Restauration ist, so wenig erliegt er der Versuchung, den Fortschritt der Gesetzgebung nach Analogie des Fortschritts der Künste, deren Bedeutung er sehr zu schätzen weiß, zu empfehlen. Wandelt sich die Kunst, so genießt die jeweils neuere Methode das größte Vertrauen, während das Gesetz von der Gewohnheit langen Gehorsams ihm gegenüber lebt; die häufige Änderung des Gesetzes hingegen mindert seine Autorität. Weniger schwerwiegende Mängel in Kauf zu nehmen, zieht Aristoteles daher dem Ansehensschwund der Institutionen vor. Die besondere Bedeutung der Kontinuität für die Autorität der Gesetze verweist zugleich auf die allgemeine Bedeutung extensiv ausgelegter Billigkeit für legitimes Handeln, wenn Kontinuität Praxis weder vorgeschichtlich auf Primitivzustände noch ungeschichtlich auf Technemodelle festgelegt, sondern allein auf das Gute (1269 a 3 f.). Genau diese Maxime hatte aber Aristoteles befolgt, als er bei der Entlassung des Privatrechts aus der iustitia universalis die Wahrheit der im natürlichen Recht liegenden Forderung ununterbrochener Legitimität anerkannte und ihr nach dem Billigkeitsgrundsatz konkret Geltung verschaffte. Das vernünftige Prinzip des archaischen ius talionis, den Rechtsfrieden durch versöhnenden Ausgleich zu wahren, ist im kommutativen Recht allerdings humaner und damit besser legitimiert verwirklicht. Das Prinzip des Naturrechts, das den fürsorglichen Eingriff zugunsten privaten Glücks ausdrücklich einschließt, wirkt fort im bürgerlichen Recht, das die Wahrung eines allgemeinen Guts keineswegs ausschließt.

§ 17. Die aristotelische Verfassungslehre
Die Legitimität der Polis als Autarkie der Polis

In ihrem allgemeinen Begriff ist die Verfassung Institutionalisierung aller das Allgemeine betreffenden öffentlichen Funktionen, repräsentiert durch die Regierung als oberste Gewalt (Politik 1278 b 8—11). In die Verfassungsordnung gliedern sich die Menschen ein, weil sie von Natur politische Wesen sind, ohne daß äußerer Notzwang gleich welcher Art das dominierende Motiv wäre; der gemeinsame Nutzen interessiert nur als notwendige Bedingung des Gutlebens (1278 b 19—23). Zur im engeren Sinne politischen Legitimierung einer Verfassung nennt Aristoteles drei Kriterien: die Rechtsgleichheit, den Wechsel in der Amtsführung und den gemeinsamen Nutzen; die allein auf den Vorteil des herrschenden Standes zugeschnittene Verfassung kann nicht Ziel des Zusammenschlusses freier Bürger sein (1279 a 8—21). Dem Freien ist die Verfolgung seiner legitimen Interessen nicht zu verwehren. Dieser Grundsatz findet seine Objektivität darin, daß den Bürger unveräußerlich die Teilhabe an politischer und richterlicher Gewalt definiert (1275 b 18—21). Die Institutionen der politischen Verfassung sind der Rat als beratende und beschließende Gewalt, die Rechtspflege samt geschriebenem Gesetz und die Behörden. In die Kompetenz des Rates als oberster Gewalt (1299 a 1) fallen Kriegserklärung, Friedensschluß, Bündnisverträge, Gesetzgebung, Entscheidung über Tod, Verbannung und Konfiskation, schließlich Ämterbesetzung und Entlastung bei Rechenschaftsberichten (1298 a 4—7). Die Rechtspflege obliegt, Kennzeichen ihrer hochentwickelten Form, acht verschiedenen Gerichtshöfen, die zuständig sind für Rechenschaftsablegung, Vergehen gegen das Gemeinwohl, Staatsverbrechen, Berufung von Privatpersonen gegen amtlich verfügte Strafen, Privatklagen bei Verträgen von hohem Belang, Mordfälle, Fremdenangelegenheiten und Bagatellsachen (1300 b 19—34). Neben der Justiz stehen die militärische Führung und Aufsichtsbehörden, die den Handel auf dem Markt und die Einhaltung des öffentlichen Sittenkodex etwa beim Ausgang von Knaben und Frauen überwachen (1299 a 20—1300 a 5). Neben all diesen generellen Voraussetzungen weist nun diejenige Polis angesichts der sittlichen Zielsetzung des Politischen die beste Verfassung auf, in der die Tugenden des Mannes und des Bürgers konvergieren (1288 a 32—b 2). Wenn jeder Bürger, der zu seiner Zeit über Freie und Gleiche herrschen wird, ebendies lernt, indem er sich zuvor beherrschen ließ, so liegen die Tugenden des Bürgers entsprechend darin, daß er über Freie zu herrschen und seinerseits unter deren Herrschaft auszuharren weiß. Beide Seiten dieses politischen Rollenwechsels verlangen aber zugleich die Tugenden des guten Mannes — Gerechtigkeit, Maß und Besonnenheit (1277 b 7—18).

Aristoteles hat nunmehr zwei Gesichtspunkte entwickelt, unter denen die jeweils gegebene Verfassung auf das hin zu betrachten ist, was die gute Polis sein will: die Gemeinsamkeit des Nutzens aller und die Konvergenz von persönlicher und öffentlicher Sittlichkeit. Unter dem letzteren Aspekt wird indes die Pluralität der bestehenden Verfassungen problematisch, weil die Tugend des Bürgers je nach etablierter Verfassung verschieden aussieht, während doch die vollendete Tugend des Mannes keinerlei Relativierung zuläßt (1276 b 31—34). Daher ist für Aristoteles auch nur eine Verfassung denkbar, die unter Einschluß des Wesentlichen aller übrigen Verfassungen mit deren Widersprüchen gleichwohl nicht behaftet ist, nämlich die Politie. Diese ideale Verfassung steht im aristotelischen System der Grundtypen von Verfassungsformen als eine neben fünf anderen, während von einer siebten „wahren" Verfassung im Himmel nicht mehr die Rede ist. Aristoteles nennt drei gute Verfassungsformen — das Königtum, die Aristokratie, und die Politie oder die Herrschaft eines einzigen, weniger und vieler (also nicht aller). Während diese Formen dem Wohle aller Bürger dienen, haben die entsprechenden Fehlformen (Parekbasen) allein den Vorteil der jeweils Herrschenden im Auge: die Tyrannis nützt dem Alleinherrscher, die Oligarchie den Reichen und die Demokratie den Armen (1279 a 25—b 10). Der aristotelischen Modifikation der kritischen Zielsetzung politischer Theorie entsprechen nun die methodischen Erwägungen zum Problem der Einrichtung der idealen Polis. An das beste Leben der Städte und ihrer Bürger ist weder die Voraussetzung einer gewöhnlichen Menschen unerreichbaren Tugend zu knüpfen noch diejenige von Bildung, Naturanlage und Reichtum, wie sie nur ungewöhnliches Glück gewährt. Maßstab bleibt das Leben, das den meisten Menschen erreichbar ist, mithin als Verfassung nicht geradezu die Aristokratie, sondern deren realisierbare Form, die Politie (1295 a 25—34). Für Aristoteles ist also die ideale Verfassung nicht Verwirklichung eines absoluten Postulats; ihre Auszeichnung liegt vielmehr darin, daß sie als Ausdruck der jeweiligen Herrschaftsverhältnisse deren bedingende Größen wie Tugend, Herkunft und Reichtum korrigierend formiert (1289 b 27 ff.). Daher ist es unpolitisch, günstige äußere Umstände anzunehmen, die tatsächlich gegebenen in Gedanken auszuklammern, um schließlich in den Chor der Lobredner auf die lakonische Verfassung einzufallen: wie nämlich Umlernen nicht leichter ist als Lernen, so verdient die Verbesserung nicht weniger Anerkennung als die Neugründung (1288 b 37 ff.). Daher knüpft Aristoteles bewußt an die im überlieferten Selbstverständnis der Polis liegende Vernünftigkeit an, die er als Autarkieprinzip auf den Begriff bringt. Negativ gesehen, verweigert dieser Begriff von Autarkie militärischer wie wirtschaftlicher Expansion von vornherein jede Legitimierung. Gewiß verlangt der Wille zur Autarkie der Polis die Unterhaltung eines Wehrstandes, um nicht politisch in Abhängigkeit zu geraten (1291 a 6—10), aber alle Kriegsvorkehrungen, so sinnvoll und recht sie getroffen sein mögen, tragen nie das höchste Ziel in sich, sondern verbürgen diese in der Weise des Mittels (1325 a 5—7). Krieg dient dem Frieden, Arbeit der Muße, Nützliches dem sittlich Guten (1333 a 25—33). Die gut eingerichtete Polis trifft Vorbereitungen für den Fall des Krieges ausschließlich in dem Bewußtsein, damit das Notwendige zu leisten, um noch mehr das sittlich Gute zu tun (1333 a 41—b 5). Die besondere politische Leistung der Theorie, die selber frei von Dienste der Notwendigkeit in ebendieser Bedeutung auf die Praxis zurückstrahlt, wird damit deutlich. Als Telos des Handelns bricht Theorie allem Tätigkeits- und Kriegsfetischismus die Spitze ab. Die Polis ist übers Niveau der Skythen hinaus, auf deren Festen nur aus dem umkreisenden Becher trinken darf, wer schon einen Feind erschlagen hat (1324 b 17 f.). Das Unbehagen am Krieg bestimmt auch das Verhältnis des Aristoteles zu den Persern. Keinem Zweifel unterliegt auch für ihn die Angemessenheit des Dichterwortes: „Billig ist, daß über die Barbaren der Hellene herrscht“ (1252 b 7—9). Mit unbefangenem Stolz bekräftigt er ferner, die übrigen Europäer seien tapfer, aber unintelligent, die Asiaten umgekehrt intelligent, aber feige und daher versklavt, während die Griechen die Vorzüge beider Seiten besäßen, daher bei besten Institutionen in Freiheit lebten und alle übrigen Völker beherrschen könnten, wären sie zu einem einzigen Staat verbunden (1327 b 23—33). Das Interessante an diesem Urteil ist indes das, was es nicht sagt: im Irrealis verbleibend, unterläßt es Aristoteles, wie Isokrates den Zusammenschluß aller Griechen zur endgültigen Niederwerfung der Barbaren zu fordern. Aristoteles sieht, daß ein derartiges Unternehmen auch im Falle des zu erwartenden Sieges das Ende der Polis bedeutet hätte. Als Makedoniens eigener Ideologe hätte sich Aristoteles wohl kaum geschickt.

Das mit Expansionsverzicht verbundene Autarkiebewußtsein bestimmt Bevölkerungszahl, innere Struktur und geographische Lage der Polis. Da ein allzu volkreicher Staat niemals eine gute Ordnung behaupten wird, darf der Polisrahmen durch Übervölkerung auf keinen Fall gesprengt werden; sonst bedürfte es zur Regierung einer Kraft, die jener das Weltall zusammenhaltenden göttlichen Macht gleicht (1326 a 25—34). Dem allgemeinen Zweck, im Rahmen einer guten Ordnung die Freiheitschancen des kleinen Gemeinwesens voll zu nutzen, fügen sich die pragmatischen Aspekte der Überschaubarkeit — die gesamte Bürgerschaft muß den Ruf des Feldherrn und des Herolds zugleich vernehmen können (1326 b 5—7); nach jenem Grundsatz müssen sich Bevölkerungszahl (1326 b 23 f.) ebenso wie das zur Polis gehörige Hinterland richten (1327 a 1—3)[35]. Über die Lage der Stadt ist im Blick auf Gesundheit des Klimas, Wasservorräte, militärische Sicherheit und Verkehrsverbindungen zu urteilen (1330 a 34—b 17). Aus militärischen wie handelspolitischen Gründen ist die gute Verbindung zum Meer wie zum Land angeraten (1327 a 18—20). Im Kriegsfall erleichtert sie die Versorgung sowie den Heranmarsch von Entsatztruppen (1327 a 21—25), und darin steckt auch wiederum, daß die Polis militärische Anstrengungen zur Garantie ihres Bestandes unternimmt, nicht aber, um fremde Territorien zu erobern. Entsprechend fallen die ökonomischen Überlegungen des Aristoteles aus, als er sich mit dem Einwurf befaßt, die Lage der Polis am Meer begünstige den Zuzug Fremder und sei daher der sittlichen Ordnung und guten Verwaltung wenig zuträglich (1327 a 11—18). Zweifellos hat Aristoteles wiederum Platon im Auge, der in den ›Nomoi‹ (842 c—d) fordert, Lebensmittel nur aus eigenem Anbau und nicht, wie in den meisten griechischen Städten üblich, über den Seehandel zu beziehen; damit werde dem Gesetzgeber die Arbeit erleichtert, weil er sich dann nicht mehr mit Handel, Reederei, Zoll, Darlehen, Zinsen zu befassen brauche und daher Gesetze, die eher dem Wesen freier Männer entsprächen, erlassen könne.[36] Aristoteles denkt dagegen nüchterner; auf die vor-

[35] Die Bevölkerungszahlen griechischer Städte sind heute nur schwer feststellbar. V. Ehrenberg, Der Staat der Griechen, Zürich ²1965, p. 38, vermutet, daß in der Mitte des vierten Jahrhunderts Athen 28—30 000 Vollbürger, mit deren Familien, Metöken und Sklaven insgesamt 170—250 000 Einwohner hatte.

[36] Die in den ›Nomoi‹ projektierte Kolonie sollte Magnesia heißen, ein Name, den Platon offenkundig mit Bedacht gewählt hat. Cicero, der in ›de re publica‹ (II 5—11) Platons Vorurteil über die Sittenlosigkeit der Seestädte teilt, aber auch die aristotelischen Überlegungen zu Klima, militärischer Sicherheit und Verkehrsoffenheit bestätigt, erklärt aus der Lage der griechischen Städte deren Niedergang, seien doch alle Kolonien außer Magnesia am Meer gelegen. Gemeint sein dürfte das „asianische“ (Thukydides I 138, 5) Magnesia am Maiandros in Karien (Herodot I 161 u. ö.). Zweifellos ist Platons Magnesia eine Huldigung an die einzige griechische Kolonie, die die richtige Lage hatte.

gebliche Unsittlichkeit der Seestädte gar nicht weiter eingehend, konzentriert er sich sogleich auf den Kern des Problems: der Seehafen ist ökonomisch vorteilhaft, weil er die Einfuhr von Gütern, für die im Lande Bedarf herrscht, und die Ausfuhr der eigenen Überschüsse ermöglicht (1327 a 25—27). Zugleich setzt aber Aristoteles dem Außenhandel eine Schranke, der nur insoweit zulässig sei, als er der Autarkie der Polis diene; die Errichtung eines Umschlagplatzes als offenen Marktes, um aus dem Handel der Städte untereinander Gewinn zu erzielen, lehnt Aristoteles ab, da solche Einkunftquellen Abhängigkeiten schaffen, die die Autarkie der Polis gefährden könnten (1327 a 27—31).

Aristoteles hat normative Bestimmungen einer idealen Polis hermeneutisch entwickelt, indem er das jedem Polisgriechen bekannte und einleuchtende Autarkieprinzip politisch, militärisch, wirtschaftlich und im Blick auf seinen Endzweck, das Gutleben, auslegte. Im letzteren, positiven Verstande des Wortes, wie es dem modernen Sprachgebrauch unbekannt ist, verdeutlicht der Autarkiebegriff das Wechselverhältnis zwischen Polis und Bürger unter dem Aspekt der Gewährleistung seines Glücks. Einerseits genügt sich nämlich dies Ziel selbst und ist insofern autark, andererseits aber wäre die Autarkie des glücklichen Lebens von vornherein suspendiert, wenn der einzelne dies Leben nicht im Kreise von Kindern, Frau, Freunden und Mitbürgern verbrächte, da ja der Mensch ein von Natur politisches Lebewesen ist (Nik. Eth. 1097 b 5—10). Nach dieser differenzierenden Hermeneutik des Autarkiebegriffes zur Legitimierung einer die Zwecke des Überlebens und des Gutlebens verschränkenden Polis kann Aristoteles endlich erwarten, daß die Reflexion über die den guten Mann und den guten Bürger versöhnende ideale Verfassung, sofern in diese die in allen griechischen Gemeinwesen besser oder schlechter präsente Vernünftigkeit eingegangen ist, nicht als abstrakte Spielerei in Gedanken, sondern als ernsthafte begriffliche Arbeit weitergeführt werde.

§ 18. Aristoteles, ›Nikomachische Ethik‹
Tugend, Freundschaft und Theorie als Elemente der glücklichen Lebensführung

Eine ideale Verfassung erweist sich nicht zuletzt daran, daß sie einer möglichst großen Zahl von Bürgern ein glückliches Leben ermöglicht. Da nun aber Glück niemals generalisierend Glück einer ganzen Polis, sondern in seiner konkreten Erfahrbarkeit immer nur Glück des einzelnen Hauses sein kann, empfiehlt sich seine Darstellung in einer von der ›Politik‹ unterschiedenen Pragmatie, der ›Ethik‹, wiewohl im übrigen beide Wissenschaften, die zusammen die „Philosophie über die menschlichen Dinge" ausmachen (Nik. Eth. 1181 b 15), im Verhältnis einer unaufhebbaren Wechselbeziehung zueinander stehen. Wenn nun Aristoteles in der ›Nikomachischen Ethik‹ das Glück (Eudämonie) zum Ziel des Lebens erklärt, das um seiner selbst willen gewählt wird (1094 18—22), so versteht er darunter weder die Gemütsstimmung der „Glückseligkeit" noch den Glückstreffer im Lotteriespiel, sondern das allgemeine Prinzip der Lebensführung (βίος). Nun steckt aber in dieser Bindung der Eudämonie an den Bios insofern ein Problem, als keine Einmütigkeit darüber besteht, ob ein Leben in Lust, Reichtum und Ehre (1095 a 23) oder noch anders gearteten Zielen am ehesten zum Glück führt. Die Frage nach der offenkundigen Relativität des Glücks wird mithin zur Frage nach der Relativität möglicher Lebensformen. Über die Bedeutung von βίος besteht insoweit Einhelligkeit, als das Wort von ζωή, dem Leben im biologischen Sinne, zu unterscheiden ist; es bezeichnet vielmehr die spezifisch menschliche Lebensform und kommt im Sinn dem Wort ἦθος (gewöhnliches Verhalten) nahe. Schauspieler als Darsteller menschlicher Verhaltensweisen heißt daher sowohl βιολόγος als auch ἠθολόγος. Über den Sinn von βίος herrscht ferner Einhelligkeit auch insofern, als er an die geschichtlich gewordene Kultur, griechisch βίος κοινός, gebunden ist und demgemäß nach Sextus Empiricus (Pyrrhoneioi Hypotyposeis I 237) auf vier Momenten beruht: 1. Organisation von Denken und Wahrnehmen, 2. Bedürfnisbefriedigung, 3. Sitte und Gesetz, 4. Fortentwicklung der überlieferten Künste. — Neben diesen gemeinsamen Grundbestimmungen stehen indes die Unterschiede, die eine eindeutige Bestimmung des Glücks problematisch werden lassen: der apolaustische Bios setzt das wahre Glück in genießerische Lust und gleicht daher für Aristoteles dem Leben des Viehes (1095 b 14—22), während der politisch-praktische Bios Ehre und Reichtum vorzieht, obgleich Ehre, da sie vom Ehrenden und nicht vom Geehrten abhängt, leicht verlorengeht und obgleich Reichtum nur Mittel, aber nicht sich selbst genügender Zweck sein kann (1095 b 22—1096 a 10). Neben diesen beiden Formen erwähnt Aristoteles der Vollständigkeit halber noch den theoretischen Bios, den er aber erst am Ende der Pragmatie ausführlich charakterisieren will, weil dessen Bestimmung mit der Beantwortung der Frage zusammenfällt, welche Lebensform jeder Relativität entzogenes Glück beinhalte. Ein wichtiger Schritt der Abgrenzung ist gleichwohl schon jetzt getan: das Problem des Bios, der je nach Neigung und Anlage verschiedene Präsenzformen kennt, wird als Problem der sittlichen Lebensführung in der Ethik behandelt und nicht in der Politik, wo die Aufhebung der Relativität des Bios zwangsläufig zu Diskriminierung und Unterjochung führte. Zudem kann Aristoteles, auch ohne gleich zu Beginn die Bindung wahrer Eudämonie an das theoretische Leben zu begründen, schon jetzt alle übrigen Bestimmungen des Glücks als endgültige vortragen. Am Endzielcharakter des Glücks zweifelt ohnehin niemand (1097 a 25—b 6). Das Sich-selbst-Genügen dieses Ziels bezieht sich aber nicht allein auf den einzelnen für sich, sondern gleichermaßen auf dessen Zusammenleben mit Eltern, Kindern, Frau, Freunden und Mitbürgern (1097 b 8—11). Damit präludiert Aristoteles dem so wichtigen Thema der Freundschaft als notwendiger gesellschaftlicher Institution im VIII. und IX. Buch. Gleich darauf verweist er auf das nicht minder wichtige Thema des Korrespondenzverhältnisses von Tugend und Glück: das menschliche Gut ist eine der Tugend gemäße Tätigkeit der Seele, die ein volles Leben währen muß, da ein Tag oder kurze Zeit noch niemanden glücklich macht (1098 a 15—20). Dabei ist das Moment der „Tätigkeit" wesentlich, da sonst auch, wer schläft oder sonstwie untätig ist, glücklich wäre (1098 b 33—1099 a 2), und das „volle Leben" in vollendeter Tugend schließt ein, daß man Kinder noch nicht glücklich nennen kann, Tiere aber überhaupt nicht (1099 b 32—1100 a 5), weil ihr Leben ζωή und nicht βίος ist. Ferner gehört zur Tätigkeit der Gesichtspunkt des Vorhandenseins äußerer Güter, da Mangel an ehrbarer Herkunft, gehorsamen Kindern oder körperlicher Wohlgestaltetheit das Glück zweifellos beeinträchtigt (1099 b 1—6). Diese Grundbestimmungen des Glücks als des Leitthemas der Pragmatie enthalten zugleich schon deren Disposition, so daß im Verfolg von Aristoteles noch nähere Ausführungen über die Themen Tugend, Freundschaft und Theorie zu erwarten sind.

Die Tugenden unterteilt Aristoteles in ethische und dianoetische, in sittliche und Verstandestugenden; gewonnen wird diese Unterscheidung aus der Teilung der Seele in einen vernunftlosen und einen vernünftigen Teil, wobei der Aspekt des Widerstrebens und Gehorsams des ersteren gegenüber dem letzteren ins Feld der ethischen Tugenden fällt, die Tätigkeit des letzteren für sich aber ins Feld der dianoetischen Tugenden (1102 b 11—1103 a 10). Die Pointe dieser aristotelischen Version von Seelenteilung ist die, daß sie die Tugenden gerade nicht zwecks politischer Architektonik in herrschende und unterjochte gliedert, sondern jede denkbare Tugend je nach Gattungszugehörigkeit in ihr Recht setzt. Die Regulierung der Tugenden ist denn auch nicht Sache einheitlicher philosophischer Dialektik; vielmehr hängt nur das

Gedeihen der Verstandestugenden an Belehrung, das der sittlichen aber an Gewöhnung (1103 a 14—18); Gewöhnung ist indes kein passiver Vorgang, sondern wiederkehrendes Handeln: denn wir werden gerecht durch gerechtes Handeln (1103 b 1). Die ethische Tugend ist somit ein bestimmter Habitus (1105 b 19—1106 a 13), abschließend bestimmt als „ein Habitus des Wählens, der die nach uns bemessene Mitte hält und durch die Vernunft bestimmt wird, und zwar so, wie ein kluger Mann ihn zu bestimmen pflegt" (1106 b 36—1107 a 3).[37] In dieser Definition bedeutet Mitte etwa bezüglich der Ehre und Schande Hochgesinntheit, das Übermaß wäre Aufgeblasenheit und der Mangel niedrige Gesinnung (1107 b 21—23); bezüglich der Wahrheit ist die Mitte Wahrhaftigkeit, das Zuviel Prahlerei, das Zuwenig verstellte Unwissenheit oder griechisch Ironie (1108 a 19—23). Das Kriterium der ethischen Tugenden, die Mitte, ist indes auf den ersten Blick mit einem Mangel behaftet, sofern er sich nicht in immergültigen Normen präzisieren läßt: „Der Mutige erscheint gegen den Feigling als tollkühn und gegen den Tollkühnen als feig . . ." (1108 b 19 f.) Indes ist gerade diese „Relativität" das belebende Element der das Handeln bestimmenden ethischen Tugenden, sofern deren Rahmen nicht das Diktat der Deduktion, sondern der Entscheidungsspielraum ausmacht, ist die „nach uns bemessene" Mitte doch zu ihrer Fixierung nicht auf den Wissenschaftler, sondern auf den „klugen Mann", das Subjekt der Phronesis also, verwiesen. Erneut zeigt sich die befreiende Wirkung der Teilung der Tugenden nach zwei Gattungen; die fürs Treffen der richtigen Mitte zuständige Phronesis deduziert nicht nach den Regeln der Analytik aus notwendigen Sätzen, sondern vermittelt situationsgerechtes Ermessen mit richtiger Überlegung. Daher ergänzt sich auch das für die ethischen Tugenden fundamentale Theorem vom klugen Treffen der Mitte um dasjenige der Freiwilligkeit, deren „Prinzip in dem Handelnden ist, und zwar so, daß er auch die einzelnen Umstände der Handlung kennt" (1111 a 22—24). „Entschließung" und „Willenswahl" (προαίρεσις: 1111 b 5) haben in der Tat da ihren Ort, wo theoretische Vernunft nicht auszumachen vermag, was sich notwendig so und nicht anders verhält, mithin dem Zugriff menschlicher Willkür nach überlegter Entscheidung entzieht. Daß aber tatsächlich die Ergänzung von Klugheit und Willenswahl menschlichem Handeln erst die ihm eigene Sphäre öffnet, hat Aristoteles noch einmal zusammenfassend unterstrichen:

[37] Wörtliche Zitate erfolgen nach der Übersetzung von E. Rolfes-G. Bien, Philosophische Bibliothek, Band 5, Hamburg ³1972.

Da also Gegenstand der Willenswahl etwas von uns Abhängiges ist, das wir mit Überlegung begehren, so ist auch die Willenswahl ein überlegtes Begehren von etwas, was in unserer Macht steht. Denn insofern wir uns vorher aufgrund der Überlegung ein Urteil gebildet haben, begehren wir mit Überlegung. (1113 a 9—12)

Die nach Klugheitsgesichtspunkten getroffene Willenswahl bezieht sich indes nur auf die Mittel, die dem Ziel des Begehrens oder der Vorstellung des Zwecks dienen. Natürlich redet damit Aristoteles keineswegs der Loslösung der Mittelwahl von sittlichen Zielen das Wort: es gibt „keine Willenwahl ohne Verstand und Denken einerseits und sittlichen Habitus andererseits. Denn richtiges und verkehrtes Handeln ist ohne Denken und ein Verhältnis zur Sittlichkeit unmöglich". (1139 a 33—35.)

In diesem Verhältnis von Mittelwahl und Sittlichkeit liegt die Wahrheit der praktischen Vernunft begründet, das Gute und das Schlechte mit Überlegung zu unterscheiden und im Handeln zu treffen, während umgekehrt das Gute und das Schlechte der theoretischen Vernunft, die keine Handlungsentscheidungen fällt, Wahrheit und Falschheit sind (1139 a 26—31). Ebenso wie die praktische Vernunft ist aber auch die theoretische Vernunft Gattung mit Unterarten, nicht monolithisches Wesen; denn auch innerhalb des vernunftbegabten Seelenteils ist je nach Art der Gegenstände die Teilung in ein wissendes Vermögen (ἐπιστημονικόν) sachgerecht, das jenes Sein betrachtet, dessen Prinzipien unveränderlich sind, und in ein kalkulierendes Vermögen (λογιστικόν), das betrachtet, was sich auch anders verhalten kann (1139 a 3—15). Diese Trennung befreit sowohl Wissenschaft und Weisheit als auch Kunst und Klugheit. Nach den Regeln der Analytik (nicht der Topik) thematisiert die Wissenschaft das Allgemeine, das unveränderlich, mithin notwendig und ewig ist (1139 b 18—31). Wissenschaft ist damit als rationales Vermögen von der Pflicht entbunden, politische Praxis zu bestimmen und zu verantworten, so sauer ihr das werde. Dies ist vielmehr das Geschäft eines andersartigen rationalen Vermögens. Dieselbe Entlastung gilt für die Weisheit, die vollkommenste Form der Wissenschaft; denn der Weise muß „nicht bloß die Folgerungen aus den Prinzipien wissen, sondern auch bezüglich der Prinzipien die Wahrheit erkennen" (1141 a 16—18). Um dies zu verdeutlichen, bezieht Aristoteles denn auch seinen Weisheitsbegriff nicht auf Platons Philosophenkönige, sondern auf Thales und Anaxagoras, sofern diese fern von allen praktischen Belangen leben, da sie sich nicht auf das verstehen, was ihnen Vorteil bringt, sondern auf das Ungewöhnliche, Wunderbare, Schwere und Außermenschliche, deren Kenntnis unfruchtbar, da nicht auf irdische Güter bezogen ist (1141 b 3—8). Das rationale Vermögen, das richtigem Handeln zugrunde liegt, ist vielmehr die Klugheit, „ein untrüglicher Habitus vernünftigen Handelns ... in Dingen, die für den Menschen Güter oder Übel sind“ (1140 b 4—6). Dieser Habitus ist bei Aristoteles an keiner Stelle exklusiv nur Männern mit goldener Seele zuerkannt. Platons Argument zugunsten exklusiver politischer Berechtigung, daß nämlich die Bestimmung des politisch Richtigen einer Spezialkompetenz dank entsprechender dialektischer Bildung gleichkomme, wird entkräftet durch die Unterscheidung zwischen Kunst und Klugheit, die zwar beide das Veränderliche zum Gegenstand haben, aber sich darin unterscheiden, daß Klugheit zum Handeln gehört, Kunst aber zur Hervorbringung (1140 a 1—10). Zugleich übernimmt damit aber Klugheit eindeutig sittliche Verantwortung: „... in der Kunst ist der freiwillig Fehlende vorzüglicher, bei der Klugheit aber wie bei den sittlichen Tugenden ist er schlimmer. Und so erhellt denn, daß sie eine Tugend ist und keine Kunst“ (1140 b 24—26). Die handlungsfundierende Klugheit kann nicht wie die Kunst das Argument der Unschuld der Waffen für sich ins Feld führen. Aber auch nach so viel Distanzierung ist Aristoteles im Grunde doch Platoniker geblieben. An keiner Stelle seiner Tugendlehre hat er für eine beziehungslose Trennung von theoretischer und praktischer Vernunft votiert. Platons Prinzip verwandelnd, hat Aristoteles am Korrespondenzverhältnis von Vernunftkritik und humaner Praxis strikt festgehalten.

Diese prinzipielle Übereinstimmung im Falle der Tugendlehre hindert indes Aristoteles nicht, in seiner Theorie der Freundschaft, dem oppositum zu Vereinsamung (βίος μονώτης: 1097 b 9), Platon erneut zu modifizieren. Platon hatte nämlich für Aristoteles die Bedeutung der Freundschaft nur ungenügend erkannt, zumal sich der diesem Thema gewidmete Dialog ›Lysis‹ damit begnügt, populäre Vorstellungen von Freundschaft an unbemerkte Widersprüche zu erinnern. Der dichterische Satz, „wie doch stets den Gleichen ein Gott gesellet zum Gleichen“, kann für Schlechte, weil sie sich beleidigend und unberechenbar verhalten, ebensowenig zutreffen wie für die Guten, die, sich selbst genügend, der Ergänzung durch andere Gute nicht bedürfen (214 a ff.). Aber auch die Gegensätze „ziehen sich nicht an“, da ja sonst Freund und Feind Freunde wären (216 a—b). Und Platon kann auch den Dialog getrost aporetisch ausgehen lassen, weil die Problematik der Freundschaft in einem anderen Zusammenhang schon gelöst ist: entsprechend der kosmologischen Identität von Freundschaft, Anstand, Besonnenheit und Gerechtigkeit (Gorg. 507 e f.) ist das Problem der

Bestimmung menschlicher Beziehungen für Platon im Problem der Gerechtigkeit aufgehoben, deren wesentliches Moment die politische Eintracht sei (Politeia 442 c—d). Da jedoch nach der aristotelischen Differenzierung des Begriffs der iustitia universalis (siehe oben § 16) Gerechtigkeit nicht mehr das Ganze der menschlichen Beziehungen umgreifendes, göttlich autorisiertes Prinzip sein kann, bedarf diese der Ergänzung durch die Freundschaft als ens a se. Institutionell gehört daher zur Polis, die auf das Glück ihrer Bürger bedacht ist, neben der Rechtsordnung gleichermaßen das Bestehen einer Mannigfaltigkeit von Freundschaftsbeziehungen. Mehr noch, die Gesetzgeber schenken der Freundschaft sogar größere Aufmerksamkeit als der Gerechtigkeit; denn unter Freunden bedarf es nicht der Gerechtigkeit, wohl aber bedürfen Gerechte dazu noch der Freundschaft (Nik. Eth. 1155 a 22—b 10). Ort der Freundschaften ist, wie die Skala ihrer Möglichkeiten zeigt, die Polis: Kameradschaft, Jugendfreundschaft, persönliche Vertrautheit, Reisebekanntschaft, Gastfreundschaft, Vereinsleben, politische Freundschaft (1161 b 11—27) — insgesamt Formen, ohne die sich Gerechtigkeit weder zur Inwendigkeit politischer Eintracht steigern noch die Sterilität des Lebens ausschließen könnte, so daß Freundschaft erst den Sinn der Gerechtigkeit erfüllt, mithin selbst das Gerechteste ist (1155 a 28). Somit als Form der Praxis ausgewiesen, fußt Freundschaft schließlich auch auf bestimmten Motiven; diese lassen sich durch ihre Ziele — das Gute, das Nützliche und das Angenehme — unterscheiden (1155 b 19). Die beiden letzteren, angesichts sich ändernder Neigungen und Interessen labilen Formen zielen nicht auf den Freund selbst ab (1156 a 14—21), wohingegen vollkommen die Freundschaft unter Guten ist, die dem Guten selbst samt seinen Tugenden gilt (1156 b 7 ff.). Diese Einteilung der Motive, die der Unterscheidung der Lebensformen genau entspricht, nennt zugleich die Voraussetzung, unter der Freundschaft zum Glück gehört. Nur wenn Freundschaft das Gute zum Ziel hat, definiert sie diejenige Tätigkeit, deren Prinzip sich selbst genügendes Glück ist.

Nachdem Aristoteles die Tugenden und die Freundschaft in ihrer Bedeutung für das Glück untersucht hat, thematisiert er abschließend unter demselben Gesichtspunkt das theoretische Leben, dessen Glück nicht relativierungsfähig ist. Relativ ist der Begriff des Glücks im theoretischen Leben allenfalls, sofern er nur die betrifft, die dies Leben leben können und wollen, aber nicht bedeutet, daß der beste Bios den übrigen seinen Glücksbegriff aufzwingt. Um dem platonischen Verdacht zu entgehen, solche Zurückhaltung sei Ausdruck parasitärer Intentionen, betont Aristoteles, Glück bestehe weder in Spiel oder

Scherz (1176 b 27 f.) noch im Genuß sinnlicher Lust, die der Sklave nicht minder als der ausgezeichnete Mann empfinden könne (1177 a 6 —8). Gleichwohl schließt dies nicht aus, das Studium der Weisheit als die (im Sinne des lateinischen „frui“ verstanden) genußreichste aller Tätigkeiten zu bestimmen (1177 a 23—27), nachdem Aristoteles zuvor die Lust, statt sie zu verdammen, dem Handeln als begleitenden Umstand integrierte: die Lust vollendet „die Tätigkeit nicht wie eine habituelle Form, sondern wie etwas, was zur Form hinzutritt, wie die Schönheit sich im Gefolge der vollkommenen körperlichen Entwicklung einstellt“ (1174 b 31—33). Nach diesen Differenzierungen gestattet sich Aristoteles endlich, den Begriff der Muße, dem das Glück des theoretischen Lebens seine Nichtrelativierbarkeit wesentlich verdankt, einzuführen. Im ›Theaitet‹ war theoretische Muße total aufhebendes oppositum sophistischer Unwahrhaftigkeit, während für Aristoteles sich Muße schon als absolute Größe bewährt, wenn sie die tägliche Unrast wenigstens für kurze Zeit durchbricht: wir opfern unsere Muße im Falle des Krieges oder zu Zwecken des Erwerbs nur, um erneut wieder Muße zu gewinnen (1177 b 4—24). Indem eine bestimmte Lebensform in der Polis dies Ethos bewußt pflegt, trägt Muße gerade dank ihres bescheideneren Begriffs sehr wohl zur Humanisierung des Handelns bei. Diese Leistung muß auch indirekt bleiben, da bei einer direkten Wechselwirkung Muße sich selber verlöre. Diese Gefahr besteht auch, wenn zur Sicherung äußerer Güter, ohne deren Vorhandensein Glück nicht möglich wäre, mehr geschieht als angemessen: „Man kann, auch ohne über Land und Meer zu herrschen, sittlich handeln.“ (1178 b 33—1179 a 5). Während Aristoteles am Begriff der Muße deutlich machte, inwiefern falsche Entäußerung Glück inhibiert, schließt er seine Betrachtung über das theoretische Leben mit der Erklärung ab, worin denn nun positiv das besondere Glück des Weisen liege:

Wer aber denkend tätig ist und die Vernunft in sich pflegt, mag sich nicht nur an der allerbesten Verfassung erfreuen, sondern auch von der Gottheit am meisten geliebt werden. Denn wenn die Götter, wie man doch allgemein glaubt, um unsere menschlichen Dinge irgendwelche Sorge haben, muß man ja vernünftigerweise annehmen, daß sie an dem Besten und ihnen Verwandtesten Freude haben — und das ist unsere Vernunft —, und daß sie denjenigen, die dasselbe am meisten lieben und hochachten, mit Gutem vergelten, weil sie für das, was ihnen lieb ist, Sorge tragen und recht und löblich handeln. Es ist aber unverkennbar, daß dies alles vorzüglich bei dem Weisen zu finden ist. Mithin wird er von der Gottheit am meisten geliebt; wenn aber das so ist, so muß er auch der Glücklichste sein. (1179 a 22—32)

Insofern das Glück der Lieblinge der Götter keinem Relativitätsvorbehalt ausgesetzt ist, entspricht die Erklärung dem bisher Gesagten; höchst überraschend ist sie jedoch, insofern Aristoteles nun doch göttliche Fürsorge, und das mit Vorrang für den Weisen, annimmt. Mit der Einschränkung, „wie man doch allgemein annimmt“, mag Aristoteles sich daran erinnern, daß er nirgends theoretisch die Möglichkeit göttlicher Fürsorge begründet hat, sondern eher das genaue Gegenteil. Gleichwohl scheint Aristoteles praktisch von dieser Möglichkeit überzeugt, sonst hätte er diese Hoffnung nicht gerade bei der Entfaltung des Kernstücks seiner Lehre vom Glück ausgesprochen. In der Tat hat Aristoteles die Fürsorge der Götter nicht theoretisch demonstriert, sondern lediglich vorsichtig ausgesprochen, welche Glückshoffnungen Theorie als bestimmte Form der Praxis rechtfertigen könnte oder, noch vorsichtiger, im Leben teilweise bestätigt findet. Vor der Gefahr, auf praktische Wünsche und Bedürfnisse allzu bereitwillig einzugehen, scheint Aristoteles die Metaphysik offensichtlich dann schon hinreichend gefeit, wenn sie nicht durch theoretische Demonstration da absolute Gewißheit vorspiegelt, wo nicht mehr, aber auch nicht weniger als praktische Hoffnungen bestehen. Diese Grenze aber hat Aristoteles nie überschritten.

2. DIE HELLENISTISCH-RÖMISCHE PHILOSOPHIE

§ 19. Epikurs Garten

Die nacharistotelische Philosophie konnte Probleme des Gutlebens nicht mehr im Bezugsrahmen der Polis lösen, je mehr diese ihre Selbständigkeit an das Makedonische und später an das Römische Reich verlor. Der Rahmen der Polis war danach entweder zu eng wie für die Stoiker oder aber zu weit wie für Epikur, der im Jahre 306 seinen berühmten Garten in Athen erwarb, um dort einen philosophischen Freundeskreis um sich zu scharen. Die Differenz der Stoiker und Epikureer jedoch, einmal auf einen kosmischen Weltbegriff, zum andern auf den Garten zu setzen, den jeweiligen Bezugsrahmen aber in beiden Fällen nur mittelbar politisch zu definieren, läuft somit auf Übereinstimmung darin hinaus, daß Gutleben auf ein natürlich Verfügbares verwiesen ist. Daß in der Tat dies Prinzip sowohl der stoischen Tugend des Unerschütterlichen wie der epikureischen Freude des Gelassenen zugrunde liegt, hat Seneca (de beata vita, capp. 12 f.) herausgearbeitet, wenn er der Ausschweifung das Recht bestreitet, sich auf Epikur zu berufen: Heiliges und Richtiges schreibt er vielmehr vor; jene Freude (voluptas) werde nämlich auf Geringes (parvum) und Frugales (exile) bezogen.

Und das Gesetz, das wir (die Stoiker) für die Tugend verfügen, dasselbe verfügt er für die Freude. Er ordnet nämlich an, daß sie der Natur gehorcht. Allzu wenig bietet aber der Ausschweifung (luxuria), was der Natur genug ist.

Beiden Schulen ist offensichtlich gemeinsam, daß sie Gutleben im natürlich Verfügbaren suchen und nicht in dem, was politisch oder ökonomisch vielleicht vergeblich erkämpft wird. Die stoische Version von Tugend und die epikureische Vorstellung von Freude sind intensive, nicht extensive Größen. Die betonte Bescheidung der Freude Epikurs verzichtet erklärtermaßen auf den unersättlichen Drang nach Variation und kann angesichts dieser guten Endlichkeit ihre Konvergenz mit Sittlichkeit und Tugend behaupten (Diogenes Laertios X 132). Das gemeinsame Problem der Stoiker und Epikureer liegt mithin darin, wie humane Selbstbehauptung möglich ist, als nach dem politischen Ende der Polis der Handelnde Welt nicht mehr als ein unmittelbar Ganzes erfahren konnte.

Epikur verfolgt also das Problem der Selbstbehauptung durch Selbstbeschränkung, indem er Freude, dargestellt an der Metapher der Meeresstille (γαλήνη), zum Ziel des Handelns bestimmt; und dies Ziel ist erreicht, wenn weder körperlicher Schmerz noch seelische Verwirrung besteht (X 131). Diese Begrenzung der Freude bestimmt Epikurs Theorie der Begierden, die unterscheidet nach natürlichen und zugleich notwendigen, wenn etwa Trinken das Schmerzgefühl des Durstes stillt; nach natürlichen, aber nicht notwendigen, wenn üppige Speisen nur Lustvariationen bereiten, jedoch Schmerzen nicht lindern; schließlich nach solchen, die weder natürlich noch notwendig sind, wenn Bekränzung und Aufstellung von Standbildern bloß Scheinerfüllung gewähren (X 149). Epikur ist indes nüchtern genug zu sehen, daß Selbstkontrolle allein gelassene Freude nicht verbürgt. Eine Fülle von Faktoren bewegt sich außerhalb menschlicher Verfügbarkeit wie Natur, Tod, Götter und Übergriffe anderer Menschen. So gewinnt Theorie für Epikur notwendig die Funktion, Gründe zu finden, die zur Beruhigung beitragen und Furchtlosigkeit vor Künftigem verbürgen; dies ist das wesentliche Motiv, ein Leben lang zu philosophieren (X 122). Dies gilt mit Vorrang für die Physik, die angesichts bedrohlicher Naturerscheinungen beruhigen soll, wie Epikur zu Beginn und Ende eines Kompendiums seiner atomistischen Naturlehre betont (X 37/83). Statt mythischen Erklärungen zu vertrauen, solle Erkenntnis den Phänomenen folgen (X 104). Sei hingegen zu besorgen, den Mythen komme gleichwohl auch nur geringer Wahrheitsgehalt zu, so verschwinde notwendig jede Freude; denn alle Sicherheit vor dem Menschen bleibe unvollkommen, solange nicht Erkenntnis den Himmelserscheinungen das Furchterregende nehme (X 143). Die praktische Motivation der Erkenntnistheorie bestimmt auch das Verhalten angesichts jenes Naturfaktors, dessen Bedrohlichkeit unvermeidlich ist, nämlich des Todes. Man soll nicht etwa durch Argumente einsehen, sondern sich „daran zu glauben gewöhnen" (X 124), daß der Tod nichts für uns bedeutet; denn das Aufgelöste empfinde nicht, das Empfindungslose aber bedeute nichts für uns (X 139).

Epikurs Lehre der Götter leistet überraschenderweise auf den ersten Blick nichts zur Förderung der Freude. Seine Götter, die in Intermundien leben, kümmern sich im Gegensatz zu den stoischen nicht um menschliche Angelegenheiten: es sei nicht Sache eines seligen und unvergänglichen Wesens, selber Schwierigkeiten zu haben und anderen zu bereiten und schon gar nicht, wie schwache Menschen, Abneigung oder Wohlwollen zu kennen (X 139). Den erwarteten Asebievorwurf wehrt Epikur ab, sofern ihn nicht der auf sich ziehe, der die Vorstellung der Menge von den Göttern zurückweise, sondern wer diese bestätige (X 123). Diese Theorie hat positiv die Funktion zu demonstrieren, daß die Freude im Kreise der Freunde im Garten ihr Vorbild in unbeeinträchtigter Freude der Götter findet. Indes hat dieselbe Theorie auch negativ eine Funktion; als nämlich Cicero (de natura deorum I 45) die epikureischen Gründe gegen falsche populäre Göttervorstellungen erneut vortragen läßt, wird hinzugefügt, die einhergehende Befreiung vom Aberglauben bedeute, daß alsdann die Menschen die Götter wegen ihrer Seligkeit mit Überzeugung verehren könnten, zugleich aber auch die Furcht vor dem unberechenbaren Zorn der Götter verlören. Jene Theologie, die die Götter von der Fürsorgepflicht entbindet, um ihre Seligkeit nicht zu schmälern, befreit in beschwörendem Euphemismus zugleich die Menschen, nicht zwischen Begünstigung und Zorn schwankende Götter fürchten zu müssen. So fügt sich denn auch in der Götterlehre die Theorie ihrem Amt, angesichts denkbarer Gefahren zu beruhigen. Dasselbe Prinzip bestimmt schließlich die Theorie des Politischen. Politische Herrschaft ist ein naturgegebenes Gut, das dem Menschen die Furcht vor dem Menschen nimmt (X 141). Wenn also Macht und Reichtum Sicherheit verbürgen, so ist gleichwohl die Zurückgezogenheit aus den in der Sphäre des Politischen unvermeidlichen Machtkämpfen ein weit größerer Garant ungefährdeter Ruhe (X 143). Den Begriff des von Natur Gerechten akzeptiert daher Epikur nur noch im Sinne einer nüchternen Übereinkunft zwecks Vermeidung gegenseitiger Schädigung und Garantie legitimer äußerer Interessen (X 150). Seiner Natur nach ist folglich Recht nicht mehr Recht, sobald es den erwarteten Nutzen, bedrohte Rechtsgüter zu schützen, nicht mehr gewährleistet (X 153 f.). Unter der Bedingung derart funktionalisierter Gerechtigkeit bei einhergehender Warnung vor politischer Exponierung kann Glück nicht mehr in der Mitte der Polis als dem Ort richterlicher und beratender Tätigkeit und zugleich der Pflege von Freundschaftsbünden gefunden werden. Der Weg zum Glück führt über die Flucht in den Garten, dem die Gerechtigkeit äußerlich, Freundschaft aber alles ist, so daß das öffentliche Zugleich beider Momente zur entbehrlichen Voraussetzung wurde; vielmehr genügt jetzt die Freundschaft allein, deren Gewinn zum seligen Leben der gewichtigste Beitrag ist (X 148), für die innere Erfüllung des Gutlebens.

Offensichtlich fügt sich Epikurs Theorie der Gerechtigkeit und der Freundschaft ebenso wie seine Lehre von Göttern, Tod und äußerer

Natur dem Willen, ein Leben in Freude zu führen. Theorie sagt das, was ist, als das, was im Interesse der Freude so sein muß. Damit aber nimmt Theorie eine neue Qualität an. Sie ist nicht mehr Ausdruck des Überflusses, sich selbst um außermenschliche Weltbestände zu kümmern, obwohl diese keinerlei Nutzen bringen, sondern Ausdruck des Mangels, wenn ohne Philosophie nicht einmal die Erlösung zu bescheidener Freude möglich wäre. Theorie wird zum Bedürfnis mit Botschaftscharakter; und hat sich erst die Botschaft dem Bedürfnis gemäß bewährt, so fehlt ihr jedes Motiv, weiterzufragen und richtigzustellen. In der Tat war Epikur der einzige antike Schulstifter, dessen Lehre in ihrem Bestand nahezu unverwandelt bestehen blieb. Epikurs schlechter Ruf bei der Nachwelt, er sei ein Lüstling und Atheist, ist kaum weniger anfechtbar als sein Ruhm, er sei undogmatisch. In einer Anekdote hat Arkesilaos diese Differenz zwischen zusehender und bedürftiger Theorie ins Persönliche übertragen und dem Epikureer bedeutet, er sei fürs Philosophieren endgültig verloren. Als nämlich jener Erztheoretiker, zudem Schulhaupt der skeptischen Akademie, gefragt wurde, warum nur so viele Schüler von anderen Schulen zu Epikur überliefen, umgekehrt aber von Epikur niemand abfalle, antwortete er lakonisch: „Weil Männer wohl zu Eunuchen werden können, nicht aber der Eunuch zum Mann." (Diogenes Laertios IV 43)

§ 20. Ethik, Physik und Dialektik bei den alten Stoikern

Sosehr uns Cicero darin gewöhnt hat, die alten Stoiker in fundamentalem Gegensatz zum Epikureismus zu sehen, so wenig darf dies darüber hinwegtäuschen, daß beide Seiten angesichts ihrer gemeinsamen geschichtlichen Ausgangssituation ein und dasselbe Gut gefährdet sahen und in dessen Rettung, wenn auch auf verschiedenen Wegen, ihr gemeinsames Ziel erkannten. Seitdem nämlich die Polis nicht mehr abgrenzende Sphäre humaner Lebensführung sein konnte, zugleich aber die neuerdings geschaffenen hellenistischen Großreiche noch nicht wie später das Römische Reich mit dem Korporationsprinzip der Municipalverfassung einen institutionellen Rahmen geschaffen hatten, der ihre Festlegung auf die klassische Funktion der Polis gestattet hätte, konnte die Frage der Tugend und des Glücks nur als Frage diesseits des Politischen geleisteter Selbstbehauptung erörtert werden. Diese Voraussetzung bestimmte die epikureische und die stoische Philosophie gleichermaßen. Als jedoch Zenon (333—262) fünf Jahre nach Epikur die Schule der Stoiker gründete, suchte er die Alternative zu wie immer strukturierten Institutionen der bestimmten Polis nicht in einem abgeschiedenen Garten, sondern in jener umgreifenden Natur, die ihm allein noch Befreiung zu Gutleben versprach. Mit der Forderung, gemäß der Natur zu leben oder — noch genauer — gemäß der Tugend, zu der uns die Natur hinführe,[38] gab der Schulgründer Zenon die Parole aus, die fortan das Denken seiner Nachfolger bestimmen sollte. Für Chrysipp bedeutet dies, daß zur Bestimmung von Gut und Übel, Tugend und Glück kein Ansatz angemessener sei als der, von der gemeinsamen Natur und der Verwaltung (Dioikesis) des Kosmos auszugehen.[39] Wie Dioikesis, einst kundige Verwaltung von Haus und Polis, nunmehr entpolitisiert auf den Kosmos übertragen wird, so versteht sich für Chrysipp von selbst, daß er nicht an geschichtlich gewordene Sitten und Institutionen anknüpfen will, sondern allein in der Zuwendung zur Natur als Substanz nach Kriterien zur Unterscheidung zwischen Gütern und Übeln sucht. Die Fundierung der Theorie des Handelns obliegt somit der Theorie der Natur, der gemäß die gerechte als naturgemäße Lebensführung nicht in partikulären Interessen, sondern im gemeinsamen Vernunftgesetz, das Zeus als Hüter und Lenker der Welt repräsentiert (Diogenes Laertios VII 88), ihren wahren Bestimmungsgrund des Handelns samt der dieses leitenden Güterlehre findet. Vermittlungsglied dieser Lehre ist die Adiaphorontheorie, die diejenigen Güter für gleichgültig erklärt, die zum Leben gemäß der Natur nichts beitragen. Auch diese Lehre findet ihre Grundlegung in der Physik als Theorie der göttlich geordneten Natur, zu der der tugendhaft Handelnde, die Polis ignorierend, in einem Unmittelbarkeitsverhältnis steht. In der Ausführung dieser Theorie zeigt sich erneut, daß die Stoiker zwar ihren eigenen Weg einschlagen, gleichwohl damit aber das nämliche Ziel verfolgen wie Epikur. Wie dieser nämlich die Gelassenheit der Lebensführung unter erklärtem Verzicht auf göttliche Fürsorge für die Menschen sichert, glauben die Stoiker, ein solches Leben sei ohne den Beistand der Götter gerade nicht verbürgt. So setzt die stoische Physik dem epikureischen Axiom vom atomistischen Zufall der Welt das Dogma von der Providenz der Götter für den ganzen Kosmos entgegen (D. L. VII 147). Der als teleologisch geschlossenes Kontinuum begriffene Weltgrund (SVF II 1153 f.) läßt nichts zufällig oder vergebens geschehen (SVF II 1140). Die Vorsorge für den Kosmos als ganze Natur ist getroffen in der

[38] Stoicorum Veterum Fragmenta, ed. J. v. Arnim, Stuttgart 1964, I 179.

[39] SVF III 68. — Chrysipp (281/77—208/4) war nach Kleanthes, von 262 bis 232 Nachfolger Zenons, das dritte Schulhaupt der Stoa.

Weise der vorherbestimmenden Heimarmene, in deren bewußtem Hinnehmen der stoische Philosoph seinen Freiheitsspielraum findet — wie ein Hund, der, vor einen Wagen gespannt, willig tut, was er ohnehin tun muß (SVF II 975). Jedoch ist dies Bekenntnis zur Gleichgültigkeit politischer Freiheit keineswegs Ausdruck hilfloser Resignation, eben weil stoisches Weltvertrauen niemals an der Vernünftigkeit göttlicher Providenz zu zweifeln bereit war. Aus Platons Diakosmesis der Gesetze in der Polis (Nomoi 853 a) wird bei den Stoikern Diakosmesis des Weltganzen (SVF II 527). Dieser kosmischen Ordnung droht schließlich auch nicht die politische Katastrophe der bestimmten Polis, sondern die Weltkatastrophe der Ekpyrosis, mit der die Palingenese einer neuen Weltperiode zusammenfällt (SVF II 596). Eine derartige Theorie hat nun den Vorzug, daß sie fest auf jene allzu menschliche Unbefangenheit bauen kann, die das Eintreten einer solchen Katastrophe entweder nur in früher Urzeit oder in hinreichend ferner Zukunft erwartet. Wie Epikur wissen auch die Stoiker das Bedrohliche und Riskante der Natur, dessen beide nur zu gewärtig sind, in so weite Ferne zu rücken, daß die ruhige Lebensführung in Galene durch göttliche Eingriffe ebensowenig beeinträchtigt wird wie diejenige in Ataraxie durch die Ohnmacht der Götter im Falle einer Weltkatastrophe. Auf diesen Weltbegriff gestützt finden die Stoiker schließlich jenes Selbstvertrauen, das ihnen gestattet, eine natürliche, die Sphäre geschichtlich-politischer Positivität einklammernde Güterlehre zu entwickeln. Die wahren Güter sind demgemäß allein die seelischen, also nicht einmal gutes Vaterland und gute Freunde samt deren Glück (D. L. VII 95). Güter sind statt dessen die Tugenden der Klugheit, Gerechtigkeit, Tapferkeit, Besonnenheit; Übel deren Gegenteil und gleichgültige Größen sind physische Qualitäten wie Leben, Gesundheit, Lust, Schönheit, Kraft ebenso wie die politisch und ökonomisch vermittelten Qualitäten Reichtum, Ansehen und adlige Herkunft (D. L. VII 102). Der Weise, der die Adiaphorontheorie lebt, zeigt sich daher stets gelassen, bescheiden, gleichgültig gegen Ruhm, herb, wenn nicht rigide (D. L. VII 117). An seinen Grundsatz, fern von politischer Praxis als wahrer Priester allein dem Göttlichen zugewandt zu leben (D. L. VII 118 f.), läßt der Weise nur Zugeständnisse zu, wenn die Übernahme eines öffentlichen Amtes ihn nicht korrumpiert (D. L. VII 121). Dieser negativen Selbstbehauptung durch Abkehr aus solchen Sphären, die Freiheit eher behindern, entspricht jenes Pathos privater Autonomie, die in der Überlegenheit über die eigene Triebnatur ihre Bestätigung findet. Zenon, bei Hitze und Kälte gleichermaßen ausdauernd, trug stets einen abgerissenen dünnen Mantel und nährte sich von ungekochter Speise; ein frugales Linsengericht zu bereiten, mußte jeder stoische Weise gelernt haben (SVF I 5, 217; III 709 a). Vermag aber auch entsagender Verzicht Tugendhaftigkeit nicht ungeteilt zu behaupten, so bleibt als äußerste Möglichkeit der Freitod: wenn Vaterland oder Freunde das Opfer des eigenen Lebens fordern; wenn Tyrannen Unzumutbares verlangen; wenn Schmerzen, Verstümmelung oder schwere Krankheit verhindern, den Körper noch als Werkzeug zu gebrauchen; schließlich bei unerträglicher Armut und bei aufkommendem Schwachsinn, der nur noch törichtes Geschwätz zuläßt (SVF III 757/768). Bis in die letzte Konsequenz des Selbstmordes hinein verfolgt also die natürliche Ethik der Stoiker ihr Ziel unangreifbarer Selbstbehauptung innerhalb der Grenzen unmittelbarer Verfügbarkeit.

Stoische Ethik und Physik repräsentieren offensichtlich einen geschlossenen Argumentationszusammenhang, sofern das Erkenntnisziel der Physik, aus der die für das Handeln relevanten Kriterien entwickelt werden, eindeutig zugleich theologisch und ethisch bestimmt sind. Somit dürfte eine scharfe Trennung der Disziplinen, deren eine jeweils um der anderen willen betrieben wird, das adäquate Verständnis eher behindern als fördern. Dies gilt es nun auch für die dritte klassische Disziplin der Stoiker zu beherzigen, nämlich für die Logik als Dialektik. Denn die praktische Zielsetzung der Stoiker weist auch der Erkenntnistheorie die Funktion zu, natürliche Abgrenzungskriterien zu entwickeln, die die Konstanz tugendhafter Lebensführung anleitend verbürgen. Darin liegt, daß Natur nicht spontane Natur, sondern human anzueignende Natur ist, sofern sie der wählenden und sondernden Anerkennung der auf Selbstsicherung bedachten menschlichen Vernunft unterliegt. Zwar erliegt der Weise ohnehin nie der Trunksucht oder Raserei, aber auch er könnte sich einmal im Zustand der Melancholie oder delirierenden Geschwätzes unangemessenen Eindrücken öffnen, die nicht nach vernünftiger Vorwahl des Anzuerkennenden, mithin naturwidrigerweise in ihn drangen (D. L. VII 118). Die Kunst solcher Unterscheidung ist mithin nicht „reine" Erkenntnis, vielmehr Lebenskunst, deren Kriterium, die Natur, wiederum nicht „Natur an sich" ist, sondern Natur dank begründender Zustimmung (συγκατάθεσις) nach den Interessen sittlicher Zielsetzung. Dieser Urteilsakt der Zustimmung, der auf der Kunst beruht zu wissen, „wann man zustimmen darf und wann nicht" (D. L. VII 46), fällt seine Entscheidung, die sich im festhaltenden Begreifen der Katalepsis Dauer verschafft, um die Unverlierbarkeit der Tugend zu verbürgen (D. L. VII 127). Das der Erkenntnis vorausliegende Urteil setzt dieser eine praktisch motivierte

Schranke.[40] Damit liegt der Zweck der stoischen Logik in der Ethik, deren Telos, die Sicherung innerer Konstanz gegen äußere Umstände, von der Erkenntnis ihr sacrificium verlangt. Für die beiden konkreten Formen der Logik, die Physik und die Dialektik, bleibt dies nicht ohne Folgen. Während praktische Erkenntnis Welt als natürlichen Horizont geborgener Lebensführung thematisiert und sich als „Physik" dogmatisch bindet, verzichtet die Dialektik als Methode bei sich selbst bleibenden theoretischen Vorantreibens von Problemen auf weiter gehende Relevanz. Dies unterstreicht die stoische Bestimmung des Verhältnisses von Dialektik und Rhetorik: das Geschäft des Dialektikers sei es, in kurzen Sätzen Rechenschaft abzugeben und zu fordern, während der Rhetor in ausführlicher Darlegung „gut spricht" (SVF II 294). Dies veranschaulicht Zenons Bild, daß der zur Faust geballten Hand die stringente Intensität dialektischer Gedankenführung entspräche und der aufgespreizten Hand das weite Ausholen der Rhetorik (SVF I 75). Damit wahrt sich indes der bei Aristoteles gemeinte Sinn der Analogie von Dialektik und Rhetorik nur noch formal. Rhetorik ist zu Kunstprosa verkümmert, deren Vorzüge — richtiger Gebrauch des Griechischen, Deutlichkeit und Angemessenheit des Ausdrucks, schmückende Ausstattung und Kürze (D. L. VII 59) — sie nicht als genuinen Nachfolger der klassischen Rhetorik ausweist, die auf dem Forum zur rechten Zeit das treffende Argument ins Feld zu führen weiß. Cicero empfiehlt denn auch Rhetorikschülern für den Fall, daß sie auf alle Zeiten zu verstummen wünschten, die Lektüre der rhetorischen Schriften des Chrysipp und Kleanthes (fin. IV 7). Dieselbe Entpolitisierung zeichnet auch den stoischen Begriff von Dialektik aus, deren formales Rüstzeug die Funktion habe, Physik und Ethik, also nicht Rhetorik methodisch zu fundieren (SVF II 125). Folgerichtig wird Dialektik, sofern das Hauptlehrstück der stoischen Physik die Providenz der Götter für die Welt ist, einerseits zur Logik der natürlichen Theologie und ebenso folgerichtig nach deren Destruktion durch Kant zur „Logik des Scheins". Andererseits liegt der Beitrag der Dialektik zur Ethik in der Festigung der tugendhaften Lebensführung, sofern diese in reservierter Prüfung vorschnelle Zustimmung und übereiltes Nachgeben vor Eindrücken des Wahrscheinlichen verhindert und damit den Weisen vor der Verunsicherung schützt, die eintreten kann, wenn er häufiger einmal angenommene Vorstellungen aus guten Gründen alsbald wieder korrigieren müßte (D. L. VII 46 f.). Da folglich

[40] Vgl. zu diesen Zusammenhängen H. Blumenberg, Die Legitimität der Neuzeit, Frankfurt a. M., 1966, 230—236.

umgekehrt die Konstanz der Selbstbehauptung an diese Voraussetzung dialektischer Kontrolle geknüpft ist, gilt den Stoikern allein der Weise als Dialektiker (SVF II 124). Wie also Physik und Ethik in einem Korrespondenzverhältnis stehen, so findet auch die Dialektik ihre systematische Funktion allein in ihrer Bezogenheit auf die beiden ersteren Disziplinen. Die geschlossene Zielsetzung dieser Disziplinen-interdependenz erhellt schließlich aber auch negativ aus dem Fehlen einer bestimmten Disziplin, nämlich der Politik. In der Tat beschränkt sich das einheitsstiftende Interesse aller drei akkreditierten Disziplinen darauf, diesseits des Politischen die Geschlossenheit der natürlichen und der humanen Welt als eines ungeteilten Ganzen zu begreifen. Und doch will es die Ironie der Geschichte, daß gerade jene sich so unpolitisch gerierenden Stoiker sich den Ruf aus der Distanz besonders aufmerksamer und interessierter Beobachter der politisch-gesellschaftlichen Szene erworben haben.

§ 21. Die Politik der offiziell unpolitischen Stoiker

Die Stoiker haben die Herrschenden mit der ihnen eigenen sympathischen Sturheit spüren lassen, welche unmittelbaren Folgen die Adiaphorontheorie mit dem Ziel der Wahrung innerer Freiheit haben konnte. Die Gelegenheit, dies zu demonstrieren, bot sich, wenn ein prominenter Stoiker von einem König eine Einladung erhielt. Als etwa Antigonos, Hörer und Freund Zenons, seinen verehrten Lehrer an seinen Hof einlud, verzichtete dieser auf einen Besuch und ließ sich durch einen Schüler vertreten (SVF I 3). Ebenso schlug Kleanthes eine Einladung an den Hof des Ptolemaios aus und schickte statt dessen Sphairos, nachdem auch Chrysipp abgewinkt hatte (SVF II 1). Entscheidender noch als derartige Demonstrationen sind indes die mittelbaren Folgen der Kultivierung des bewußten Abstandes zu dem, was aktuell zählt. Die Chance dieses Abstandes liegt in der Möglichkeit, zumindest theoretisch Alternativen zu formulieren, dies bei den Stoikern allerdings mit der Ambivalenz, daß solche Erwägungen ebenso auf Unkosten des legitim schon Erreichten ausfallen wie zugunsten umdeutender Zweifel an der Legitimität des derzeit noch ungeprüft in Beifall Stehenden. So müssen die Stoiker erleben, daß sie sich dank Privilegierung des Naturrechtskriteriums bei einhergehender Leugnung geschichtlicher Vernünftigkeit in den Widerspruch verwickeln, sowohl für die Wiederbelebung vergangener Institutionen wie für die Relativierung nicht mehr legitimierbarer Schranken zu optieren. Die erstere Option rührt aus dem Selbstverständnis des stoischen Weisen, er unterscheide sich als allein „Ernsthafter" (σπουδαῖος) von den übrigen Menschen, leichtfüßigen Toren (φαῦλος), wie Tugend von Laster, ohne daß er im Gegensatz zu den Peripatetikern Stufen zwischen diesen Extremen gelten läßt (D. L. VII 127). Der Weise muß daher den Unweisen gleichsam entmündigen, weil dieser für ihn ohne Aussicht auf Heilung der Geisteskrankheit (Mania) verfallen ist (SVF III 663—666). Die Bestimmung von Laster und Unweisheit als natürlicher, unheilbarer Schwäche, der Geisteskrankheit nämlich, kann in der politischen Konsequenz nur die monarchische Verfassung als naturgemäß anerkennen. Dank seiner gesunden Natur unterscheidet nur der Monarch zwischen Gut und Übel, wozu die Toren außerstande sind; allein die Herrschenden sind folglich berechtigt, als Richter oder Politiker ein Amt zu bekleiden (D. L. VII 122). Mit diesen Erklärungen rechtfertigt Zenon die Administration eines monarchischen Beamtenstandes zugleich mit der einhergehenden Zurückdrängung der politischen Öffentlichkeit, wie sie die alte Agorá kannte. Es blieb aber nicht bloß bei theoretischer Rechtfertigung; die Stoiker handelten auch danach. Zenons Schüler Persaios war Tafelgenosse des Antigonos, Prinzenerzieher und Offizier (SVF I 449—455); Bücher schrieb er unter anderem über die Königsherrschaft und die lakonische Verfassung (D. L. VII 36). Als Antigonos dem Philosophen Menedemos zuliebe in Eretria die Demokratie wieder einführen wollte, wußte Persaios dies erfolgreich zu hintertreiben. Der empörte Menedemos beklagte sich darauf: ein so großartiger Philosoph, aber der schlechteste unter allen Menschen, die leben und künftig leben werden (SVF I 460). Der Kleanthesschüler Sphairos schließlich, dessen Schriftenverzeichnis neben den von Persaios schon bekannten Titeln auch ein Werk über ›Lykurg und Sokrates‹ aufweist (D. L. VII 178), half sogar dem spartanischen König und Agrarreformer Kleomenes, die altspartanische Lebensweise wieder einzuführen und die Jugend von deren Richtigkeit zu überzeugen (SVF I 622 f.).

Die Klage des Menedemos betrifft indes nur die eine, zudem schon bald vergessene Seite der Stoiker. Die große Chance gegenwartspolitischer Abstinenz im Namen der Natur liegt hingegen in der Möglichkeit, unbefangen noch bestehende Borniertheiten zumindest theoretisch in Frage zu stellen und damit zumindest im Ansatz politische wie private Handlungsziele zu formulieren. Diese Chance genützt und unter dem Eindruck des sich erweiternden hellenistischen Welthorizonts Anfangsgründe einer Natur- und Völkerrechtstheorie sowie kosmopolitischen Denkens gezeichnet zu haben, macht die Größe der Stoiker aus. Nach dieser Lehre ist Welt nicht als Polis, sondern als Megalopolis bestimmt, umgreifende Norm aller einzelnen Gemeinwesen (SVF III 323). Das Leben nach diesem Gesetz ist das Leben des Kosmopoliten, der am Willen der Natur, die den ganzen Kosmos verwaltet, sein Handeln orientiert (SVF III 336). Nicht politische Schranken zwischen Menschen und Menschen sind relevant, sondern allein der natürliche Unterschied der dem Numen der Götter verbundenen Menschen von den vernunftlosen Tieren (SVF III 370). Unter den Auspizien des göttliche und menschliche Dinge umschließenden Nomos (SVF III 314) leben alle Menschen unter gemeinsamen und gleichen Rechtsbedingungen (SVF III 346). Wie nun die Stoiker zur Begründung solcher Gleichheit ausschließlich natürliche Gesichtspunkte anführen, so verfahren sie auch, wenn sie nach Maßgabe der natürlichen Qualitäten Tugend und Laster auf Unterschieden insistieren. Der im dritten vorchristlichen Jahrhundert lebende Mathematiker und Geograph Eratosthenes von Cyrene zeigt Kosmopolitenethos, als er diejenigen tadelte, die die Erdbevölkerung in Hellenen und Barbaren aufteilten und damit ihre Empfehlung an Alexander rechtfertigten, Griechen wie Freunde und Barbaren wie Feinde zu behandeln; angemessener sei vielmehr die Unterscheidung zwischen Tugend und Schlechtigkeit, deren unvoreingenommene Anwendung erkennen lasse, daß viele Griechen korrupt und ebenso viele Barbaren gebildet seien wie die Inder und Arianer, schließlich die Römer und Karthager, deren politische Institutionen Bewunderung verdienten (Strabon I 4, 9). Kosmopolitismus bedeutet mithin keineswegs den Verzicht auf Diskriminierung, sondern lediglich Bestehen darauf, daß jedes Volk das gleiche Recht hat, unvoreingenommen nach natürlichen Kriterien auf seine Rangunterschiede festgelegt zu werden.

Eine durchaus ähnliche Haltung nehmen die Stoiker auch gegenüber der Sklaverei ein, deren herkömmlichen Sinn sie zwar durch Umdeutung unhaltbar machen, ohne aber damit ihre Abschaffung zu verlangen. Die Folgerungen, die Philon von Larissa, Clemens Alexandrinus und Seneca aus dem altstoischen Satz ziehen, frei sei allein der Weise, versklavt hingegen die Toren einschließlich derjenigen Toren, die zwar rechtlich gesehen Herren sind (D. L. VII 121), betreffen die Naturwidrigkeit einer bestimmten Form rechtlicher Festschreibung, nicht aber des festgeschriebenen Phänomens überhaupt. Die Herrenqualität, die aus der Rechtsfähigkeit resultiert, Opfer aus Raub- und Kriegszügen zu kaufen, versteht sich zu Unrecht als naturgemäß (SVF III 358). Solche Herren sind nämlich lediglich Herren über käufliche Arbeitskräfte, nicht über Sklaven von Natur, da diese Qualität keinem Menschen von Natur eignen könne (SVF III 352). Diese These von der natürlichen Gleichheit aller hat Seneca im 47. Brief eindrucksvoll ausgeführt, als er Lucilius, den Adressaten, aufforderte, in den Sklaven Menschen, Hausgenossen und Freunde niederen Standes, wenn nicht sogar die eigenen Mitsklaven zu erkennen, könne doch jeden dies Geschick treffen (§ 1) wie Hekuba, Kroesus, Platon (§ 12) oder die Überlebenden der Varusschlacht (§ 10). Tugend ist nicht mehr Privileg des Freien; auch jeder Sklave kann, weil ihn nichts hindert, innerlich frei zu sein (liber animo: § 17), Charakterstärke beweisen (§ 15) wie jene, die trotz Folterqualen sich nicht zur Denunziation ihrer Herrn nötigen ließen (§§ 3 f.). Daß aber Sklaven vermögen, was man einst nur Herren zugetraut hätte, bestätigt erneut die natürliche Gleichheit von Herren und Sklaven, die aus gleichem Samen geboren sind, gleich atmen, gleich leben und gleich sterben (§ 10). Weshalb indes bei diesem Stand der Argumentation der Begriff Sklaverei keineswegs ersatzlos aus der stoischen Nomenklatur gestrichen wurde, soll eine Konfrontation ihrer These von der Naturwidrigkeit der Sklaverei mit der aristotelischen These von deren Naturgerechtigkeit deutlich machen.

Im ersten Buch der ›Politik‹, das die Hauslehre zum Gegenstand hat, erörtert Aristoteles die Frage, ob der Sklave von Natur, daher zu Recht und eigenem Nutzen Sklave sei oder ob Sklaverei ganz oder gar wider die Natur bestehe (1254 a 17—20). Nun bestätigt die Natur zugunsten der ersteren Möglichkeit, daß jedes Lebewesen von Geburt her dank seiner natürlichen Anlagen entweder zu aktiver oder zu passiver Herrschaft berufen ist (1254 a 23—32). In seiner allgemeinen Form bedeutet nämlich das Naturgemäße Herrschaft der Seele über den Körper (1254 a 34—b 2) und auf das anstehende Problem angewendet Unterwerfung des Sklaven unter den Willen des Herrn, sofern derjenige seiner Natur nach Sklave ist, der eines anderen sein kann, weil er lediglich insofern Vernunftwesen ist, als er Vernunft im anderen wohl rezeptiv zu verstehen vermag, diese aber nicht spontan in sich trägt (1254 a 20—23). Es gibt also von Natur Sklaven, für die ihr Status zudem gerecht und nützlich ist (1255 a 1—3). Die Gegenthese, Sklaverei bestünde in jedem Fall wider die Natur, nötigt Aristoteles zur Einschränkung (1255 a 3—b 15). Werden die im Krieg Besiegten Eigentum des Siegers, nachdem sich eben im Sieg die größere Tugend ausgewiesen hat, so ist das daraus resultierende Rechtsverhältnis nur Ausdruck einer gerechten und naturgemäßen Konsequenz. Wer hingegen in Sklaverei gerät, nachdem er in einem ungerecht gegen ihn angezettelten Krieg erdrückender feindlicher Übermacht erlegen ist, muß dulden, daß das Recht den unverdient Mächtigen illegitimerweise begünstigt; und für diesen Fall gilt allerdings der Satz, daß nicht alle Sklaven von Natur Sklaven sind (1255 b 5). Diese teilweise Bestätigung der Gegenthese unterstreicht aber nur die eigene, dergemäß Sklaverei nicht wider die Natur bestehen darf oder mit anderen Worten im Recht sich der anerkannte Vorrang des Tugendhaften als natürliches Verhältnis widerspiegeln soll.

Aristoteles begründet also seine These von der natürlichen Ungleichheit der Menschen mit dem Argument, der Freie verhalte sich zum Sklaven wie die Seele zum Leib. Und dieses Naturverhältnis findet seinen geschichtlichen Ausdruck darin, daß Tugend ausschließlich den politisch handelnden Freien definiert und Arbeit ausschließlich den ins Haus eingebundenen Sklaven. Die stoische Gegenthese von der natürlichen Gleichheit der Menschen unterscheidet sich von der aristotelischen in der theoretischen Argumentation dadurch, daß sie auf andere, mehr elementar biologische Naturfaktoren Bezug nahm. Dies erklärt, wie es möglich ist, daß eben noch die Natürlichkeit der Sklaverei, aber schon wenig später deren Naturwidrigkeit behauptet wird. Wesentlicher indes als die Unterschiede in der Basisargumentation dürften jedoch die verschiedenen Beweisziele sein, die indes in einem außernatürlichen Erwartungshorizont liegen. Wie nämlich die Stoiker den rechtlich Freien schon das Monopol auf tugendhaftes Handeln bestritten, so bezweifeln sie auch, daß die Fron der Arbeit die wahre Definition des Sklaven ist. Unter diesen Voraussetzungen revidiert Seneca die Unterscheidung von Freien und Unfreien (de beneficiis III 28): Maß des Adels ist nicht die soziale Herkunft, sondern der über solche Schranken hinausweisende unus omnium parens mundus, der den auszeichnet, der sich in Bildung und freien Künsten ausgewiesen hat. Die Unterscheidung zwischen Adel und Sklaverei wird also nicht etwa endgültig für null und nichtig erklärt, sondern erhält vielmehr durch Umdeutung eine bessere Plausibilität als bei Aristoteles. Indes bedeutet die Beziehung des Unterschiedes zwischen liberi und servi auf den Unterschied zwischen artes liberales und artes serviles keineswegs, daß an die Stelle des einst rechtlich Unfreien nunmehr der beruflich und damit sozial Unterlegene getreten wäre. Um solcher Einseitigkeit vorzubeugen, verlangt Seneca, daß die den freien Mann ausweisenden Künste sich mit jener Qualität verbinden, die auch den freien Bürger des Aristoteles definierte, mit der Tugend. Folgerichtig legt Seneca im 88. Brief die von den Erwerbskünsten (quod ad aes exit) unterschiedenen artes liberales (§ 1) auf den mit ihrem Namen gestellten Anspruch fest, besagt doch ihr Epitheton, daß sie nur des freien Mannes würdig sind, wirklich frei aber mache nur das Streben zur Weisheit (§ 2). Daher gilt für die sogenannten freien Künste — Grammatik, Geometrie, Musik, Dichtung, Astronomie und Malerei (§§ 3—18) — das Prinzip *„non discere debemus ista, sed didicisse“* (§ 2). Die von sich aus nicht virtus-konstituierenden Künste haben lediglich Instrumentcharakter (§§ 20—23), sofern sie allesamt zum Ziel der Philosophie lediglich beitragen wie ein Stück Holz zum Schiff, ohne mit dem Wesen des Schiffes identisch zu sein (§§ 24—31). Die schrittweise Übertragung der Unterscheidung zwischen frei und unfrei von Menschen auf Künste wurde daher von den Stoikern bewußt nicht vorangetrieben. Die in diesem Prozeß schon umrißhaft vorgezeichnete Formel, daß der Mensch als Mensch seiner Definition nach nicht unfrei sein kann, wäre von den Stoikern keineswegs akzeptiert worden. Sie unterscheiden nach wie vor den Freien vom Sklaven, sahen darin aber nicht wie Aristoteles ein äußerliches Rechtsverhältnis, in dem die verschiedene natürliche Disposition der Menschen sich objektiv werde, sondern die Bestätigung, daß die die freien Künste als diese allein legitimierende Weisheit sich in ihrer inneren Qualität von der Unweisheit fundamental unterscheide. Da aber der rechtlich Unfreie der Weisheit nicht minder fähig war als der rechtlich Freie, erübrigte sich die Abschaffung der Sklaverei als gesellschaftlicher Institution, keineswegs aber das Umdenken, nunmehr Herren wie Sklaven gleichermaßen als Weggefährten und Leidensgenossen zu betrachten. Wie sehr indes schon mit diesem vielleicht bescheiden erscheinenden Umdeutungsschritt die Theorie ihre Unabhängigkeit beweist, mag daraus erhellen, daß erst Kaiser Hadrian den Herren die willkürliche Tötung ihrer Sklaven, die bis dahin rechtlich zulässig war, verboten hat.

§ 22. Cicero, ›Academica‹
Die Rezeption des Sokrates und der skeptischen Akademie

Man tut sicher gut daran, Ciceros Abriß der Geschichte der Akademie in seinen ›Academica‹ mit Vorrang als Dokument der methodologischen Selbstfindung ihres Autors statt als verläßliche philosophiehistorische Quelle zu studieren. Diese Einschränkung gilt insbesondere für die Darstellung des Schulgründers Sokrates sowie der früheren Phasen der Akademie. In der Tat scheint es teils müßig, teils wenig ratsam, über Cicero den historischen, von Platon nicht monopolisierten Sokrates zu rekonstruieren. Dies demonstriert gleich zu Beginn der ›Academica‹ der Sokratesbericht, demzufolge er die Philosophie aus der Sphäre des Verborgenen und schwer Zugänglichen abberufen und ins tägliche Leben überführt habe, ausschließlich Tugend und Laster sowie Güter und Übel erörterte, Himmelserscheinungen hingegen für entlegen erachtete oder aber, seien sie doch greifbar, für unerheblich zur Bestimmung des beate vivere erkläre (§ 15). Dasselbe geht auch aus Platons Dialogen hervor, dort allerdings ein wenig differenzierter: Sokrates erklärt sich in der Tat in der ›Apologie‹ und im ›Phaidon‹ für unzuständig in der Erforschung der physikalischen Himmelserscheinungen, ohne daß damit aber, wie im ›Timaios‹ herausgearbeitet, ein sittliches Interesse am Kosmos aus sokratischen Denkmöglichkeiten von vornherein ausgeschlossen ist (siehe oben § 7). Auch Ciceros zweite Sokratesthese wird von Platon bestätigt, daß er nämlich in seinen Gesprächen nie etwas positiv behauptet, sondern lediglich seine Partner widerlegt und im übrigen darauf bestanden habe, er wisse nichts außer dem, daß er nichts wisse (§ 16). Während Cicero damit also ohnehin schon Bekanntes referiert, wird er mit seinem Bericht über die Entwicklung der Akademie nach Sokrates zunächst sehr unzuverlässig: unter Platons Einfluß habe sich eine dogmatisch abgeschlossene Lehre ausgebildet, die bei voller inhaltlicher Deckung von den lediglich dem Namen nach unterschiedenen beiden Schulen der Akademiker und Peripatetiker vertreten wurde (§ 17). Mit dieser These macht Cicero deutlich, daß ihm zumindest die Originaltexte des Aristoteles unbekannt oder über diese ihm lediglich Auskünfte aus zweiter Hand zugegangen waren. Ebenso unterschlägt aber Cicero unerlaubterweise Platons aporetische Frühdialoge, als er im folgenden ohne Vorbehalt erklärt, die beiden Schulen hätten unter dem Eindruck von Fülle und Reichtum der Lehre Platons die sokratisch zweifelnde Bejahungsverweigerung vergessen und, was Sokrates am wenigsten gebilligt hätte, ein fest umrissenes Disziplinensystem der Philosophie geschaffen (§ 17). Dies System zerfalle seit Platon in drei Abteilungen: die eine handle über Lebensführung und Sitten, wobei sie alle ihre Bestimmungen aus der Natur ableite, eine zweite befasse sich mit der Natur selbst und den verborgenen Dingen, während die dritte den Unterschied zwischen Wahr und Falsch bei Reden und Erörterungen suche (§ 19). Diese Zuordnung von Ethik, Physik und Dialektik ist gewiß genuin stoisch, Platon aber hat anders als die Stoiker die Dialektik etwa als prima philosophia über allen anderen Wissenschaften angesiedelt und später gar durch die politische Instution der „nächtlichen Versammlung" ersetzt. Ebensowenig hat schließlich Platon die von Cicero gleich danach auf ihn zurückgeführte stoische Weltstaatlehre gekannt, dergemäß die Bestimmung des Menschen darin liege, daß er zugleich Teil des Staates und des gesamten Menschengeschlechts sei und diesem wiederum durch das Band einer umfassenden Sozietät verbunden sei (§ 21).

Angesichts solcher Ungenauigkeiten ist es kaum sinnvoll, von Cicero Auskünfte über den historischen Sokrates zu erwarten. Ciceros Beitrag zu Sokrates muß vielmehr zum besseren Ciceroverständnis herangezogen werden, und zwar vermittelt über die Frage, aus welchem systematischen Interesse Cicero den Skeptiker Sokrates so scharf von der späteren Schultradition der alten Akademie bis hin zu Krantor (etwa 265) abgehoben hat. Dies wird bei seiner von nun an zuverlässigeren Darstellung der weiteren Entwicklung der Akademie deutlich, die durch das Bemühen um Wiedergewinnung des skeptischen Sokrates sowie durch die Erörterung der damit verbundenen Probleme bestimmt ist. Arkesilaos (315/14—241/40), der Gründer der mittleren Akademie, nämlich besinnt sich auf den Skeptiker Sokrates zurück, als er in lebenslanger Polemik gegen Zenons Dogmatismus ankämpfte, um die Akademie von ihrer stoischen Infektion wieder zu heilen. Neben Sokrates griff Arkesilaos auf Demokrit, Anaxagoras und Empedokles zurück, die alle einhellig an die Täuschbarkeit menschlicher Erkenntnis, die Kürze des Lebens, die Dunkelheit der Dinge erinnerten, während unbegreiflicherweise das Feld nach wie vor von Meinungen und Konventionen behauptet werde (§ 44). So verschärft Arkesilaos schließlich den berühmten Satz des Sokrates noch dahin, daß er nicht einmal wissen könne, daß er nichts wisse (§ 45). Nun propagiert Arkesilaos keineswegs Skeptizismus um seiner selbst willen, und er will auch nicht nach Ausschaltung aller denkbaren Fehlerquellen eine certa methodus zu unbezweifelbarem Wissen entwickeln. Sein Rückgriff auf Sokrates bei einhergehender Distanzierung von Zenon hat vielmehr den Sinn, die Autonomie der Theorie als Recht auf den Vorbehalt gegenüber dem Unbewiesenen zurückzufordern. Im Verfolg des § 45 erklärt nämlich Arkesilaos, es gehöre sich angesichts der Ungewißheit der Erkenntnis nicht, in öffentlicher Bejahung als Lehrer einer Erkenntnis oder einem Begriff die voreilige Zustimmung (assensio/approbatio) zu erteilen. Dieser Satz richtet sich offensichtlich gegen die lebenspraktisch motivierte συγκατάθεσις-Lehre der Stoiker (siehe oben § 20), die damit aus Risikoscheu theoretisches Weiterfragen unterbrechen und der übereilten Zustimmung den Vorzug gäben. Wenn sich dagegen Arkesilaos auf kritisches Ausfragen und Destruieren beschränkt (fin. II 2, nat. deor. I 11), so will er reine Theorie nicht durch die These von der Unmöglichkeit der Theorie wahren, sondern durch Freispruch von der Pflicht, lebenspraktische Rücksichten als letzte Instanz zu akzeptieren.

Genau an dieser Stelle hat Karneades (214—129), der die dritte oder neue Akademie begründete, den Gedankengang des Arkesilaos aufgenommen und fortgeführt. Wie Arkesilaos unterstreicht er, daß eine lebenspraktisch motivierte Zustimmung keineswegs schon theoretisch zureichend begründet sei, und wie Sokrates hinterließ er nichts Schriftliches außer einem Brief an einen kappadozischen König (Diogenes Laertios IV 65). Wie Arkesilaos sich mit Zenon stritt, so polemisierte Karneades mit solcher Intensität gegen Chrysipp, daß er von sich erklärte, wenn es Chrysipp nicht gäbe, dann gäbe es auch ihn selbst nicht (D. L. IV 62). Noch bedeutsamer für Cicero ist indes der Punkt, an dem Karneades sich unterschied: zwar gebe es Erscheinungen, die teils begreifbar seien, teils nicht, aber auch andere, die teils wahrscheinlich (probabilis), teils nicht wahrscheinlich seien. Die Einwände gegen die Sinne und die Durchsichtigkeit der Dinge (perspicuitas) bezögen sich auf die erstere Gattung, während man gegen die letztere nichts dergleichen vorbringen könne. So gebe es keine Erscheinungen, die sich dem Begreifen (perceptio) voll erschließen, wohl aber solche, die eine Billigung (probatio) rechtfertigten. Sollte aber gar nichts wahrscheinlich sein, so wäre dies naturwidrig (contra naturam) und hätte die Zerstörung allen Lebens (eversio vitae) zur Folge. Sei daher auch sinnliches Fürwahrhalten in der Tat grundsätzlich fehlbar, so erfolge doch die Regulierung des Lebens durch Billigung des dem äußeren Aussehen nach Wahrscheinlichen, solange nur gegen diese Einschätzung nichts spreche (Lucullus § 99). So bedeutsam diese Grundlegung der Möglichkeit einer Konvergenz kritischer Überprüfung und praktischer Interessen am beate vivere durch das Wahrscheinlichkeitstheorem für Cicero noch werden sollte, so wenig scheint doch diese Lehre ihren Autor von jenen theoretischen Skrupeln befreit zu haben, die der praktischen Entscheidung jederzeit im Wege stehen. Kleitomachos, der bis ins hohe Alter hinein bei Karneades weilte, äußerte, er habe nie erkennen können, was denn dieser nun wirklich gebilligt habe (Luc. § 139). Dieser Mangel an inhaltlicher Bestimmtheit erklärt schließlich, warum Philon von Larissa, der während der Wirren des ersten Mithridatischen Krieges von Athen nach Rom kam, dort in vorsichtiger Annäherung an die Stoiker Ethik lehrte und mit dieser Rückwendung die sogenannte vierte Akademie gründete. Die „fünfte Akademie" des Antiochus von Askalon ging noch einen Schritt weiter, um über die stoische Dogmatik vermittelt zur Dogmatik der alten Akademie zurückzufinden.[41] Im Verlaufe dieser Vorgänge hat sich offenkundig die individuelle Physiognomie der verschiedenen Schulen nivelliert. So hieß Antiochus

[41] Siehe hierzu im folgenden § die Ausführungen zu den Büchern III und IV von ›de finibus bonorum et malorum‹.

zwar Akademiker, wäre jedoch, hätte er nur weniges geändert, der genuinste Stoiker gewesen (Luc. § 132). Umgekehrt wäre es Cicero zufolge für Zenon überflüssig gewesen, nachdem er Polemon gehört habe, von der Akademie abzufallen und die Stoa als eigene Schule zu gründen (fin. IV 3), die doch in allen entscheidenden Fragen, die die Götter und die Natur betrafen, ihren Vorgängern gefolgt sei (fin. IV 12 f.). Insbesondere aber stamme der Satz, das höchste Gut sei ein Leben gemäß der Natur, vom Akademiker Polemon, und die Stoiker hätten den Satz genau im Sinne des Xenokrates und Aristoteles ausgelegt (fin. IV 14 f.).

Für Cicero sind diese Bewegungen insofern bedeutsam, als sie ihm gestatten, sich mehr auf die inhaltlichen Probleme des beate vivere zu konzentrieren als auf die Bedürfnisse der einzelnen Schulen. Mehr noch, Cicero kann dank solcher Priorität den Schulstreit mit der Frage kompromittieren, welche praktische Relevanz denn die geltend gemachte Differenz überhaupt habe. Cicero, der nicht als Zünftiger, sondern gleichsam von außen sich mit Philosophie befaßt, hat erkannt, daß Theorie nicht allein Subjekt mißtrauischer Kritik sein darf, sondern dieser als Objekt sich selber gleichermaßen stellen muß. In Anwendung des Kriteriums praktischer Irrelevanz auf diesen Grundsatz macht Cicero deutlich, daß Theorie durchaus lediglich eine wenn auch respektable Form der Tarnung des Parasitären sein kann. — Selbständigkeit hat Cicero nun aber auch in umgekehrter Hinsicht bewiesen. Sosehr er nämlich die entschiedene Rückwendung der Akademie zu Fragen des beate vivere begrüßte, sowenig hat er übersehen, daß bei dieser Bewegung der von Arkesilaos und Karneades mühsam wieder zur Geltung gebrachte Sokrates erneut in Vergessenheit geriet. Um damit nicht zugleich auch den Zeugen für die Bedeutung skeptisch distanzierter Überprüfung zu verlieren, hat Cicero Sokrates in seinem Bericht über die Akademie so ersichtlich exponiert und sich später auch zu dessen Bedeutung für seine eigene philosophische Arbeit bekannt: in den ›Tusculanae disputationes‹ (V 11) führt Cicero seine Verfahrensweise, vorgetragene Thesen zum beate vivere zu überprüfen, auf einen karneadesvermittelten Sokrates zurück, von dem er gelernt habe, seine eigene Ansicht „ironisch“ zu verbergen, durch Fragen und Prüfen andere vom Irrtum zu befreien und schließlich herauszufinden, was der Wahrheit am nächsten komme. All dies bedacht, steckt hinter Ciceros Rezeption der akademischen Lehrtradition das Konzept der systematischen Verschränkung theoretischer Aspekte des skeptisch reservierten Überprüfens und vom Interesse am beate vivere bestimmter praktischer Motive. Wenn Cicero diesen seinen methodischen Ansatz in der Orientierung an schon vorgebenen Positionen entwickelt, so spricht dies ohne Zweifel für seine Bildung; ob dies Vorgehen aber auch nur von ferne verdient, als bloßer Eklektizismus geschmäht zu werden, wäre noch zu prüfen.

§ 23. Cicero, ›de finibus bonorum et malorum‹ Der Eklektiker in eigener Sache

Im zeitgenössischen Sprachgebrauch bedeutet Eklektizismus „eine solche Übernahme fremder Lehrsätze, der die Kraft fehlt, das Übernommene miteinander zu verschmelzen und unter einen höheren oder neueren Gesichtspunkt umzuformen“ [42]. Auf Cicero angewendet bedeutet dann der gängige Einwand, er sei ein bloßer Eklektiker, daß er die hellenistische Philosophie ohne Konzeption, Standpunkt und relationssetzende Vermittlung lediglich zum Zwecke größerer Übersichtlichkeit zusammengefaßt habe. Um nun diesem höchst unwahrscheinlichen Vorwurf gleichwohl eine Chance zu geben, sei er auf einen Punkt bezogen, an dem er noch am ehesten zutreffen könnte: wenn nämlich Cicero das Prinzip der Carneadea divisio anwendet und beispielsweise mit dem Ziel, in der Frage des beate vivere eine Entscheidung auf die Lehrmeinungen aller Schulen zu stützen, alle von diesen vertretenen Handlungsziele — Tugend, Lust, Schmerzlosigkeit, Triebbefriedigung — im Bezugsrahmen seelischer, körperlicher und äußerer Güter aufführt und zur Diskussion stellt (tusc. disp. V 84 ff.). Könnte man bis hierhin noch eklektisches Denken am Werk vermuten, so verbietet sich dies, wenn Cicero an anderer Stelle unter Bezugnahme auf Antiochus erklärt, es genüge nicht, die von den Schulen bislang vertretenen, sondern man müsse alle überhaupt denkbaren Bestimmungen des summum bonum zusammenstellen (fin. V 16). Dieser Vollständigkeitsbegriff Ciceros, zu dem ausgerechnet das Prinzip des „Auswählens“ hinführt, ist indes keine bloß quantitative Größe, sondern Element philosophischer Systematik. In der Philosophie nämlich dürfte selbst Weniges kaum wissen, wer nicht das Meiste oder Alles kennt; denn Weniges kann nur aus Vielem ausgewählt werden, und umgekehrt wird, wer Weniges begriffen hat, auch dem Übrigen mit demselben Eifer nachgehen (tusc. disp. II 1). Folgerichtig zöge es Cicero vor, zu denen zu gehören, die die Philosophie negieren, als zu denen, die sie

[42] Historisches Wörterbuch der Philosophie, Basel/Stuttgart 1972, ed. J. Ritter, Band II 433.

„nur mit Maßen" betreiben wollen (fin. I 2). Diese Äußerungen Ciceros zum Verhältnis von Ganzem und Auswahl zeigen, daß er jenen, die ihn des Eklektizismus zeihen, darin durchaus überlegen ist, daß er erkennt, wie sehr das Auswählen aus einem Ganzen sowohl seinen numerischen wie seinen dialektischen Aspekt hat. Wie nun allerdings Cicero das Ganze im quantitativen Sinne der Präsentierung aller herrschenden Schulmeinungen zum Ganzen im qualitativen Sinne der verbindlichen und erschöpfenden Behandlung eines Problems steigert, mag seine Erörterung über das höchste Gut und das höchste Übel (›de finibus bonorum et malorum‹) demonstrieren.

Offensichtlich soll das unmittelbar nach den ›Academica‹ im Sommer 45 erschienene Werk ›de finibus bonorum et malorum‹ die voraufgegangene Methodenreflexion um die Rezeption schon vorgegebener inhaltlicher Positionen ergänzen. Dabei will Cicero an Theorien über das höchste Gut und höchste Übel mit dem praktischen Ziel der Bestimmung des beate vivere sich nicht auf das beschränken, was er persönlich billigt, sondern angesichts des herrschenden Meinungsstreits alle Lehren der einzelnen Schulen in dieser Frage aufnehmen (I 11 f.). Mit diesem Gesamtüberblick, so erklärt Cicero später, habe er das fundamentum philosophiae grundgelegt (de divinatione II 2). Damit hat Cicero getan, was die Stunde von ihm verlangte: die griechische Philosophie einzuholen und in Rom anzusiedeln, dies jedoch nicht nach eklektischem, wohl aber nach dem enzyklopädischen Gesichtspunkt sachlich gebotener Vollständigkeit. Dem widerspricht keineswegs, daß Cicero in ›de finibus‹ die klassische Einheit von Ort, Zeit und Handlung nicht gewahrt hat. Das Gespräch der beiden ersten Bücher über Epikurs Lehre vom höchsten Gut als iucundum findet auf Ciceros Gut Cumanum im Jahre 50 mit L. Manlius Torquatus statt, auf den zu antworten, Cicero sich nicht mit akademischen Wahrscheinlichkeitstheoremen begnügt (II 43), weil ihm dies für diesen Fall zu wenig dezidiert und daher zu gefährlich erscheint. Statt dessen beruft er sich zur Kritik auf exempla der römischen Geschichte — auf Lucretia, die durch ihr Beispiel bezeugt hat, daß die Identität der Person unter Preisgabe der Tugend nicht zu behaupten ist (II 66). Schon dies Berufungsargument zeigt, daß Cicero Epikurs Lehre eher aus Gründen äußerer Vollständigkeit als aus theoretischer Wertschätzung berücksichtigt hat. Von eindeutig systematischem Interesse sind hingegen die folgenden Gespräche, deren ersteres, die Bücher III und IV umfassend, im Jahre 52 auf dem Tusculanum des Lucullus stattfindet und der stoischen Theorie gewidmet ist. Chrysipp rezipierend, legt M. Cato die unverfälscht reine Lehre der Stoa dar, der gemäß das höchste Gut die Tugend ist, deren Harmonie allein Glück bedeutet (III 11 und 28). Der Absolutheit der Einheit von Tugend und bonum entspricht die Einheit der Weltordnung (III 64) unter der Aufsicht des Jupiter (III 66). Die Bewährung dieser Einheit ist Sache eines subjektiven Organons, der Dialektik, die uns den Unterschied zwischen Gut und Böse erkennen und einhalten läßt (III 72), und eines objektiven Organons, der Physik, die einschließlich der Verehrung der Götter jede sittliche Handlung als Ausdruck der Weltharmonie theoretisch fundiert (III 73). Auf diesen Lehrvortrag antwortet Cicero, indem er, auf die Vermittlungsansätze des Antiochus gestützt, der Stoa zum einen ihre Überflüssigkeit, zum anderen bedenkliche inhaltliche Konsequenzen ihrer Theoreme nachsagt. Überflüssig sei die Stoa als eigene Schule, sofern Zenon, gemessen am ihm vorgegebenen Lehrbestand, kaum Neues hinzugefügt habe (IV 14). Da ferner die peripatetische Anerkennung unserer Bedürfnisnatur keineswegs zu einer Theorie der totalen Durchsetzung eigener Interessen führte, bestand für Zenon auch insofern kein Anlaß zur Distanzierung (IV 19). Insbesondere Zenons Feststellung, das körperliche Wohlbefinden sei kein bonum, sondern lediglich ein praepositum (Vorgezogenes), war überflüssig, da diese Unterscheidung praktisch bedeutungslos sei und allenfalls bedenkliche Folgen zeitigen könne (IV 20—22). Mit diesen Einwänden hat Cicero den zweiten Teil seiner Kritik vorbereitet, die gefährliche Auslassungen in der stoischen Lehre betrifft. Da die Natur uns zur Selbsterhaltung verpflichtet hat (IV 32), dürfte die stoische Tugendlehre lediglich auf ein körperloses Seelenwesen zugeschnitten sein, das die Maxime des secundum naturam vivere nur einseitig befolgen könne (IV 41); es komme aber darauf an, den Sinn jener Maxime voll zu erfüllen und uneingeschränkt zur Natur zurückzukehren (IV 47). Dieser Ansatz der Kritik wird im dritten Gespräch (Buch V) vertieft, das im Jahre 79 in Athen stattfand. Dort trägt M. Pupius Piso die akademisch-peripatetische Lehre im Anschluß an Antiochus vor. Diese Ergänzung, zu der sich Cicero selbst kaum äußert, scheint am Platz, damit neben der epikureischen und stoischen Lehre auch die akademische als sie selbst und nicht nur aus der Perspektive einer Replik zum Zuge kommen kann. Dabei kommt es für die akademische Lehre darauf an, das Prinzip des summum bonum (V 16), das in einer keineswegs für alle Lebewesen einheitlichen Lebensführung besteht (V 25), auf die Grundtatsache der natürlichen Selbstliebe (V 25 ff.) zu beziehen. Diese Selbstliebe wiederum hat ihre seelischen wie auch körperlichen Aspekte, denen jeweils bestimmte Tugenden entsprechen. Während die körperlichen Tugenden Instrumentalcharakter haben, unterscheiden sich die seelischen in willensunabhängige wie Gelehrsamkeit und Gedächtnis sowie willentlich bedingte wie Klugheit, Mäßigung, Tapferkeit und Gerechtigkeit (V 36). Wenn auch die Selbstliebe eher den höherwertigen seelischen Tugenden gebührt (V 37), so definiert sich doch das summum bonum als Zugleich von Unversehrtheit des Körpers und vollkommener Vernünftigkeit der Seele (V 40). Der Keim dazu liegt von Natur in uns und gedeiht auch ohne Unterricht (V 43), und diese Natur wiederum ist, wie die Liebe zur Weisheit demonstriert, keineswegs bloße Selbsterhaltungsnatur (V 48 ff.). Neben dieser interessenrelativierenden Bewährung der Theorie wird derselbe Gesichtspunkt auch für das Handeln bestätigt. Das Tätigseinwollen, dem auch der Trägste sich nicht entziehen könne, sei keineswegs stets vordergründig zweckbezogen (V 55 ff.), sofern die honesta nicht nur aus Selbstliebe, sondern gleichermaßen um ihrer selbst willen erstrebt werden (V 61). Nur unter dieser Voraussetzung ist ein Leben in Tugend und Gerechtigkeit möglich (V 65), das sich öffentlich in politischen Gemeinwesen (V 66) und privat im Kreise von Verwandten und Freunden sowie in der Besorgung der Belange des Hauses vollzieht (V 69).

Dieser kurze Überblick über den Gang der Diskussion in ›de finibus‹ lehrt, daß Cicero, ob gewollt oder nicht sei dahingestellt, nach dem Überbietungsprinzip einen systematischen Kontext hergestellt hat. Die Klimax hebt an mit der prinzipiellen Beschränkung auf die iucunda, wobei unerheblich ist, ob der Referent L. Manlius Torquatus Epikur authentisch präsentiert oder nicht; darauf erfährt die Diskussion ihre erste Steigerung, als M. Cato den iucunda die honesta entgegenhält und sein Prinzip mit rigoroser Radikalität durchficht. Die entscheidende Steigerung erfährt aber die Debatte, als M. Pupius Piso zurückfragt, ob nicht die stoische Tugend des heroischen Ausnahmemenschen geradewegs zum Argument öffentlicher Tugendlosigkeit umschlagen könnte, und diesen praktischen Einwand mit der theoretischen Frage absichert, ob denn der stoische Naturbegriff tatsächlich die ganze Wirklichkeit des Naturhaften abdeckt. Die letztere Überfrage macht schließlich deutlich, daß die Klimax des Diskussionsganges in ›de finibus‹ nicht drei, sondern nur zwei Sprossen hat. Der Streit zwischen Stoikern und Epikureern bewegt sich nämlich, wie nunmehr offenbar wird, auf ein und derselben Ebene, sofern sich beide Seiten von der akademisch-peripatetischen Position vorrechnen lassen müssen, daß ihre Diskrepanz Ausdruck der beiderseitigen Unfähigkeit ist, im Begriff der Selbstliebe die vermittelnde Zuordnung ihrer jeweiligen Wahrheit zu leisten. Diese keineswegs standortlose Systematik der vollständigen kritischen Durchdringung des Ganzen einer großen philosophischen Auseinandersetzung dürfte indes Grund genug sein, auf das Eklektizismusverdikt fortan zu verzichten.

§ 24. Die Prooemien zu Ciceros Dialogen Der römische Senator in eigener Sache

Für Cicero machte die Frage des methodischen procedere und der Bestimmung der Inhalte nur die eine Seite seiner Selbstfindung aus. Neben der intern philosophischen Problematik, wie er was erörtern solle, sah sich nämlich Cicero der von außen gestellten Frage konfrontiert, warum er überhaupt philosophiere. Die letztere Frage war für Cicero weitaus quälender, weil ein römischer Senator getrost sechs Bücher ›de re publica‹ schreiben konnte, aber unvermeidlich ins Gerede kam, wenn er sich auch mit theoretischer Philosophie befaßte. Diesem Einwand, dessen Recht Cicero durchaus anerkannt hat, stellte er sich in einer Vielzahl von Prooemien, die zwar zu den ihnen folgenden Ausführungen keinerlei direkten Bezug aufweisen, untereinander aber einen geschlossenen Kontext bilden.

Nun bietet sich das Prooemium zum ersten Buch von ›de natura deorum‹ (I 5—12) insofern als Leitfaden zur Darstellung der Ciceronischen Position an, als dort sämtliche in den übrigen Vorreden verstreut vorgetragenen Rechtfertigungsgründe zumindest umrißhaft auftauchen. Die Einwände der irritierten römischen Öffentlichkeit liefen auf die Frage hinaus, warum nur Cicero plötzlich solche Neigungen an den Tag legte, und wenn aber doch, warum er dann gerade an die als dunkel verschrieene akademische Philosophie anknüpfe und von dieser gerade die obsolete Theorie des Antiochus exponiere. Den ersten Einwand konnte Cicero mit einer biographischen Notiz leicht beantworten: seine philosophischen Publikationen könnten niemanden zu Recht in Erstaunen versetzen, habe er sich doch von Jugend an mit Philosophie befaßt, und zwar als Schüler des Stoikers Diodotus, der seinen Lebensabend in Ciceros Haus verbrachte, ferner des Philon von Larissa, des Antiochus von Askalon und des Poseidonios von Apamea, des stoischen Polyhistors und Schülers des Panaitios (I 6). Von dieser biographischen Begründung abgesehen steht aber die Beschäftigung mit Philosophie keineswegs im Widerspruch zum Selbstverständnis eines römischen Senators, könne er doch, wenn er schon als Politiker nicht aktiv eingreifen dürfe, wenigstens noch dadurch dem Prestige Roms dienen, daß er einer bedeutenden Wissenschaft auch in die lateinische Sprache Eingang verschaffe (I 7). Philosophie sei aber erwiesenermaßen nicht allein Sache des Griechischen, nachdem Cicero in Wortschatz und Ausdrucksfähigkeit solche Fortschritte gemacht habe, daß er den Griechen nicht mehr nachstehe (I 8). Allerdings bedeutet Ciceros selbstgestecktes Ziel, dem alternden Griechenland den Lorbeer zu entreißen und die Philosophie in Rom anzusiedeln, neben der Aufgabe, die überquellenden griechischen Bibliotheken übersichtlich zu machen, in erster Linie ein Sprachproblem (tusc. disp. II 5 f.). Um dieser Aufgabe gerecht zu werden, genügt es aber nicht, griechische Klassiker richtig ins Lateinische zu übersetzen, sondern darüber hinaus gilt es, das dort Gesagte aus sachgerechter Urteilkraft entweder zu verteidigen oder zu verwerfen (fin. I 5 f.). An der Grundvoraussetzung, einer hinreichenden Kapazität des Lateinischen, zweifelt Cicero nicht, läßt aber zur zusätzlichen Absicherung im Schlußwort von ›de finibus‹ (V 96) gerade T. Pomponius Atticus erklären, für ihn sei nunmehr der Beweis erbracht, daß sich griechische Philosophie auch lateinisch darstellen lasse, nachdem er dies bislang bezweifelt habe. Über der Frage nach den sprachlichen Voraussetzungen hat aber Cicero nie das damit verfolgte Ziel aus den Augen verloren, seine Identität wahrend, in einer politischen Aktivität sui generis sein Volk durch Einholung der Philosophie kenntnisreicher zu machen (fin. I 10). Diese Erwartung ist keineswegs unvermittelt, da für Cicero Politik und Philosophie durchaus nicht beziehungslos zueinander stehen. Im Prooemium zum zweiten Buch von ›de divinatione‹ (II 7) präzisiert Cicero, er habe in den philosophischen Schriften der Volksversammlung sein Urteil zur Kenntnis gebracht, so daß jene Schriften an die Stelle seiner früheren Sorge für die Republik getreten seien. Keineswegs hat aber dabei die Philosophie einseitig die Rhetorik ersetzt, sei doch die letztere in ihrem Dienst an Rom aus der ersteren hergeleitet worden, während umgekehrt die Redekunst der Lesbarkeit philosophischer Texte förderlich sei (tusc. disp. II 6 f.). Zur Tragfähigkeit dieses Wechselverhältnisses, für die Rhetorik ohnehin nicht bezweifelt, hat Cicero sich in jenen wegen ihres Pathos schwer ins Deutsche übersetzbaren Hymnen auf die Philosophie ausdrücklich bekannt. Diese Hymnen finden sich sowohl in den ›Tusculanae disputationes‹ (V 5), wo Cicero neben den spekulativen Gesichtspunkten die praktischen stärker betont, daß die Philosophie Führerin des Lebens, Erforscherin der Tugend, Städtegründerin und Erfinderin der Gesetze sei, als auch am Ende des ersten Buches der politischen Schrift ›de legibus‹, wo Cicero naturgemäß die theoretischen Leistungen der Philosophie stärker betont als die praktischen. Der intendierten Konvergenz beider Seiten tut aber die jeweilige Gewichtsverlagerung keineswegs Abbruch.

Bei diesem Selbstverständnis konnte Cicero nach seinem erzwungenen Rückzug vom Forum seine philosophische Schriftstellerei durchaus als Fortsetzung der Politik mit anderen Mitteln betrachten und damit zugleich deutlich machen, welche Ansprüche er an politisches Handeln stellte, nicht minder aber auch, mit welchem praktischen Ernst er sein Philosophieren verband. Sonst hätte er bei seinen persönlichen Bemerkungen im Prooemium von ›de natura deorum‹, von dem wir ausgegangen waren, nicht hinzufügen können, angesichts seiner persönlichen Rückschläge sei die Philosophie sein einziges Trostmittel (I 9). In der Tat begann Cicero seine Schriftstellerei in den Jahren 45/44 mit dem nicht erhaltenen Werk ›de consolatione‹, in dem er sich über den Verlust seiner Tochter Tullia und seines politischen Einflusses tröstete.[43] Dieser Zusammenhang erklärt endlich, warum für die römische Öffentlichkeit so überraschend Cicero sich neuerdings publizistisch mit theoretischer Philosophie befaßte: was ihn während seiner politischen Tätigkeit nur im Innern bewegt hatte, konnte und wollte er jetzt öffentlich äußern, um in der erzwungenen Muße einen ihn wieder ausfüllenden Sinn zu finden (Acad. I 11).

Cicero kann sich nun dem zweiten, im Prooemium zu ›de natura deorum‹ angeführten Einwand stellen, der Kennerschaft verrät und nicht etwa auf jenem von ihm beklagten Kalkül beruht, daß des Beifalls der Menge sicher sein könne, wer sich gegen die Philosophie ausspreche (tusc. disp. II 4). Jener Einwand lautete ja, Cicero habe sich einseitig der zudem veralteten Schule der Akademiker verschrieben. Indem er zunächst den darin versteckten Vorwurf, er sei lediglich Referent ohne originale Beiträge, aufnimmt, bestätigt er, man solle sich nicht an die Urheber (auctores), sondern an die Argumente (rationis momenta) halten und dadurch lernen, seine eigene Urteilskraft (iudicium) auszubilden (nat. deor. I 10). Zugleich zeigt aber Cicero, daß er trotz dieser respektablen Zurückhaltung eine besondere Rolle spielt, als er auf den Punkt eingeht, daß die akademische Lehre offenbar veraltet sei, und erklärt, die Vertreter der Akademie seien zwar tot, aber nicht ihre Methoden und Argumente, es sei denn infolge zu großer Gleichgültigkeit der Lebenden (I 11). Dies zu ändern, ist schließlich Ciceros persönlicher Beitrag, dessen Andeutung ihm Gelegenheit bietet, noch einmal herauszuarbeiten, welche allgemeine Lektion der skeptischen Akademie es nach wie vor zu beherzigen gelte. Danach ist es schon schwierig, ein bestimmtes System zu begreifen; die

[43] An zwei weiteren Stellen, tusc. disp. II 11 und div. II 7, hat Cicero denselben Gesichtspunkt wiederholt.

Erforschung der Wahrheit nötigt aber, alle Systeme zu rezipieren, wozu die Akademie die nötige methodische Offenheit bietet. Dies Prinzip soll nicht dem Indifferentismus das Wort reden, sondern geltend machen, daß jeder Lehre, so fehlbar sie sein mag, auch ein Körnchen Wahrheit anhaftet. Diese prinzipielle Ungewißheit zu negieren wäre gewiß untheoretisch; andererseits schließe dies aber nicht aus, als verbindlich für die Lebensführung auch das zu akzeptieren, was einer absolut zureichenden Begründung nicht fähig ist (I 11 f.). In dieser abschließenden Formulierung klingt die Lektion der skeptischen Akademie versöhnlich: die Theorie stimmt dem nicht vorbehaltlos zu, was noch Zweifel offenläßt, während politisches Handeln für unerheblich ansehen kann, ob die theoretische Zustimmung vorläufig oder endgültig ausfällt. Damit bleibt jedoch unausgemacht, was im Konfliktfall geschieht, wenn nämlich ein praktisches Interesse sich auch auf vorläufige Rechtfertigungsgründe nicht mehr einleuchtend stützen oder, schlimmer noch, in einer prekären Lage eine weitere Positionsschwächung nicht einmal durch ausdrücklich theoretisch gemeinte Einwände glaubt zulassen zu können. Somit hat Cicero, der römische Senator, einerseits nach allen Seiten hin plausibel dargetan, daß ein Politiker, ohne sich selbst untreu zu werden, sehr wohl Resultate philosophischer Reflexion publizieren kann, andererseits aber offengelassen, ob der Weg in umgekehrter Richtung von der Philosophie zur Politik in gleicher Weise gangbar und frei von Hindernissen wäre.

§ 25. Cicero, ›de re publica‹
Philosophie und Politik im Widerstreit

Aus der Perspektive der Unglücksjahre 45 und 44 schrieb Cicero sein nur zu etwa einem Viertel erhaltenes Werk ›de re publica‹ zu einer Zeit, als er das Steuer des Gemeinwesens noch in Händen hielt (gubernacula rei publicae tenebamus: div. II 3). In der Tat war Cicero während der Abfassungszeit von 54 bis 51 Augur (im Jahre 53) und Prokonsul in Kilikien (im Jahre 51). Hinter ihm lag sein Konsulat, dessen Höhepunkt die geglückte Niederschlagung der Verschwörung des Catilina war, sowie die Verbannung und die triumphale Rückkehr nach Rom im Jahre 57. Und doch konnte Cicero angesichts anderer obwaltender Umstände seinen Positionsgewinn schon damals kaum noch als ungefährdet betrachten. Soziale Unruhen entluden sich in Straßenschlachten, die die Position der Popularen stärkten, während Pompeius keine andere Wahl blieb, als etwa Clodius von Milo, den einen Bandenführer also von einem anderen erschlagen zu lassen, nachdem er vier Jahre zuvor die Bevölkerung nur mit einer Getreidespende über 40 Millionen Sesterzen hatte beruhigen können. Unter solchen Voraussetzungen hatte die konservative Nobilität, deren Anwaltschaft Cicero übernahm, kaum Aussichten, sich politisch zu behaupten. Gleichwohl ließ sich Cicero nicht entmutigen und nahm in seiner Schrift das Kernproblem des Streits zwischen Optimaten und Popularen, die Agrarreform, wie es sich im Anfang seiner Entwicklung in den Jahren 133 bis 129 darstellte, entschlossen auf. Diese Rückverlegung der Auseinandersetzung in die Jahre ihres Beginns gestattete Cicero zugleich, seine Konzeption durch Scipio vortragen zu lassen, dessen Gesprächspartner übrigens allesamt zur Nobilität gehörten. Frei von Sorgen waren auch sie nicht mehr, nachdem Laelius im Jahre 140 vergeblich zum Agrarproblem schon einen Antrag eingebracht hatte, um Schlimmerem zuvorzukommen. Der Adel mußte nämlich die um sich greifende Proletarisierung der Bauern durch Verlust ihrer Höfe schon deswegen verhindern, weil sich die römische Infanterie vornehmlich aus freien Bauern rekrutierte. Aber die wohl zu halbherzigen Anträge des Laelius wurden von der Reform der Gracchen übertrumpft und blieben ohne jede Resonanz bei den Angesprochenen.[44] Ausgerechnet der abgewiesene Laelius lenkte denn auch das Gespräch nach allzu theoretischem Beginn über die „Doppelsonne" hin zum wichtigeren Problem des „Doppelstaates", das der getötete Tiberius Gracchus hinterließ, nachdem seine Tribunatsführung das römische Volk in zwei Teile gespalten hätte (I 31). Trotz des durchaus gemäßigten Programms, Privatleuten vom ager publicus nicht mehr als fünfhundert Morgen einzuräumen und diese für schon getätigte Investitionen auf dem wieder herauszugebenden Areal aus der Staatskasse zu entschädigen, wird Tiberius Gracchus von Cicero, der nun längst nicht mehr skeptischer Akademiker, sondern entschiedener Anwalt einer Partei ist, einseitig die Schuld an jener Spaltung des Gemeinwesens angelastet: das Kollegium der Triumvirn, das zur Durchführung der Ackergesetze ernannt war, bringe den Staat in heillose Verwirrung, der die boni et locupletes, der begüterte Adel also, ohnmächtig zusehen müssen, während der allein Rettung versprechende Mann nicht eingreifen dürfe (I 31). Der gemeinte Retter ist Scipio, der nun um Rat ersucht wird, wie man in einem innerlich geeinten Staat wieder gut und glücklich leben könne (I 32 f.). Scipio nimmt dies Mandat an und beginnt

[44] A. Heuß, Rom. Die römische Welt, in: Propyläen Weltgeschichte, Berlin, Frankfurt, Wien 1963, Band IV 186 f.

mit einer Definition der res publica, die als res populi auf einer Rechts- und Interessengemeinschaft beruhe (I 39). Diese harmlos erscheinende These ist indes alles andere als eine theoretisch neutrale Definition; vielmehr verhindert sie durch die unbedingte Bindung politischer Interessen an bestehendes Recht, soziale Probleme durch Änderung des Rechts zu lösen. Das soziale Problem verwandelte sich damit in das im engeren Sinne politische der Stabilisierung dieser Ordnung. Die reinen Verfassungsformen — Königtum, Aristokratie, Demokratie — scheinen dazu wenig tauglich, weil sie leicht in ihr Gegenteil — Tyrannei, Oligarchie, Pöbelherrschaft — pervertiert werden. Während von den drei ersteren, in sich ungenügenden Formen die schlechteste die Demokratie sei, weil deren Gleichheitsprinzip Rangunterschiede (gradus dignitatis) nicht angemessen ästimiere, sei die beste die aus allen drei Einzelformen gemischte Verfassung (I 43—45). Dies Prinzip kennzeichnet in der Tat die römische Verfassung, deren monarchisches Moment das Konsulat, deren aristokratisches der Senat und deren demokratisches die Volksversammlung ist. Sollte aber trotz dieser Ausgewogenheit Bürgerkriegsgefahr heraufziehen, so war seit alters vorgesorgt durch das Amt des dictator, dem für ein halbes Jahr die Vollmachten beider Konsuln übertragen wurden:

> Wenn es zu einem gefährlichen äußeren Krieg oder einem inneren Zerwürfnis (discordiae civium) kommt, soll ein populi magister auf Wahl des Senats für ein halbes Jahr über die Rechtsvollmachten beider Konsuln verfügen. (legg. III 9)

Solche konstitutionell monarchische Beilegung innerer Konflikte mochte der von den Ratlosen eingangs um Hilfe ersuchte Scipio vor Augen gehabt haben, als er die Monarchie als beste der reinen Verfassungsformen pries (de re publ. I 54 und 69). In seiner Argumentation für die monarchische Verfassung beruft sich Scipio zunächst auf drei unpolitische Modelle: Jupiter stehe über allen Göttern, und das ganze Weltall werde vom numen eines einzigen beherrscht (I 56 f.); in der menschlichen Seele herrsche die Vernunft unumschränkt über die Leidenschaften (I 60); im Haus schließlich richte sich das Gesinde allein nach dem Wort des einen Herrn (I 61). Das einzige politische Argument aber offenbart endlich die Absicht: in Friedenszeiten mögen Sezession und Aufsässigkeit des Volkes hingehen, im Kriege aber werden sie lebensgefährlich, wenn nicht der dictator, der seine Vollmachten mit keinem Amtskollegen teilt, den Staat rettet (I 63). Die Einschränkung, mit der Scipio sein auf Drängen der Nobilität entwickeltes Rettungsmittel verknüpft, ist indes ein unbedenkliches Zugeständnis: denn selten genug entsagten die Römer des Kriegführens. Damit nun aber der Stabilisator nicht selber Anlaß neuer Instabilität wird, soll der dictator für ein halbes Jahr auf keinen Fall Monarch auf Lebenszeit werden. Scipio rechnet nicht damit, daß die römischen Bürger den Umschlag von Monarchie in Willkürherrschaft allzu lange hinnehmen würden; so dürften entweder Aristokraten oder Demokraten um den Preis erneuter Unsicherheit den Tyrannen alsbald stürzen (I 65—68). Ihrer größeren Ausgewogenheit und Beständigkeit halber ist also die Mischverfassung einem monarchischen System vorzuziehen (I 69). Der Bedeutung der Vorsorge für den Ausnahmefall tut dies indes nicht Abbruch. In seinem Traum, dessen Erzählung die berühmte Schlußpartie des Dialoges bildet, erhält Scipio den Auftrag, den Staat, den er bei seiner triumphalen Rückkehr aus Numantia (133) durch die Tat seines Verwandten Tiberius Gracchus völlig zerrüttet vorfinden werde, als dictator zu retten.

Nach dieser Klärung der Stabilisierungsprobleme wendet sich Cicero der Frage der Legitimierung der Republik zu: genügt das römische Gemeinwesen Scipios Definition des Staates als Verwirklichung der Idee der Gerechtigkeit (II 70), oder ist dieser Anspruch nicht haltbar? Beim Austrag dieser Streitfrage nehmen die Unterredner Bezug auf Karneades, der sich im Jahre 155 als athenischer Gesandter in Rom aufhielt und bei dieser Gelegenheit vor der begeisterten römischen Jugend eine ›Rede für die Gerechtigkeit‹ und tags darauf eine ›Rede für die Ungerechtigkeit‹ hielt; und im Klartext bedeutet dies, daß er einmal die Legitimität des Römischen Reiches bejahte und im darauf folgenden Korreferat verneinte. Der über solche Früchte akademischer Skepsis empörte Cato sorgte für beschleunigte Abfertigung der Delegation und erwirkte ferner fünf Jahre später einen Senatsbeschluß, alle ausländischen Philosophie- und Rhetoriklehrer aus Rom auszuweisen. Diese handfest biedere Problembewältigung Catos wollen nun die Unterredner zur besseren Rechtfertigung durch vorzeigbare Argumente ergänzen. Den Part des Karneades, an der Legitimität des Römischen Reiches zu zweifeln, übernimmt nur widerstrebend Philus, der Konsul des Jahres 136, nachdem ihm fest versichert wurde, niemand werde ihn, das Muster alter römischer Tugend und Rechtschaffenheit, mit seiner Anwaltschaft identifizieren. Nach Philus hatte nun Karneades in polemischer Wendung gegen die Stoiker die Möglichkeit jedweden natürlichen Rechts bestritten und daraus gefolgert, daß auch Rom nur ein auf seine eigenen Interessen zugeschnittenes bürgerliches, also nicht ein Abbild absolut natürlichen Rechts hervorgebracht habe, das in der Vielzahl nur relativ verbindlicher Rechtssysteme keine Ausnahme bilde

(III 13). Wie die Gallier den Göttern Menschenopfer darbringen, so demonstrieren die Römer ihren besonderen Gerechtigkeitssinn, wenn sie transalpinen Völkern den Öl- und Weinanbau verbieten, um eigene Produkte konkurrenzlos absetzen zu können (III 16 f.). Das Recht übernimmt zudem bloße Alibifunktion, wenn die Römer formal korrekt durch die Fetialen den Krieg erklären lassen, um hernach ruhigen Gewissens die Welt zu erobern und auszuplündern; heuchlerisch ist auch die Behauptung, man schone im Krieg sakrale Bauten und zerstöre nur profane, während doch gemeinhin die einen nicht ohne die anderen zu Ruinen würden (III 20). — Naturrecht im emphatischen Sinne gibt es offenbar nicht; vielmehr liegt dessen greifbare Wahrheit schlicht darin, daß Gerechtigkeit, wenn anders die Völker unter Führung der Natur ihrem Vorteil nachgehen, allein bedeuten kann, auch die Interessen anderer Völker zu respektieren. Niemand hindert aber die Römer daran, daraus Konsequenzen zu ziehen, nämlich den Geschädigten die Beute zurückzuerstatten und in ihre einst ärmlichen Hütten zurückzukehren (III 21). Verfassungspolitik hat schließlich die Funktion, den natürlichen Interessenkonflikt der Stände zu verschleiern: haben wenige die Macht in Händen, so sind sie zwar Alleinherrscher (reges), wollen aber, wiewohl eindeutig Partei, lieber nach Iuppiter optimus Optimaten heißen, während die Demokratie die Freiheit, die sie proklamiert, mit Zügellosigkeit verwechselt. In diesem Zustand gegenseitigen Mißtrauens haben sich dann beide Seiten redlicherweise in einem Vertrag (pactio) auf die Mischverfassung geeinigt, deren Gerechtigkeit Ausdruck der Schwäche, nicht aber der Natur oder gar freier Willensentscheidung ist (III 23).

Als „Anwalt der Ungerechtigkeit" hat Karneades es den Römern jedoch insofern eher zu leicht gemacht, als sein Plädoyer besagte, daß das Römische Reich deswegen nicht nach natürlichem Recht konstituiert sein könne, weil es dies in absoluter Form gar nicht gebe. Laelius darf daher in seiner Replik die dritte Möglichkeit, daß ein sehr wohl denkbares sakrales Naturrecht Kriterium römischer Ungerechtigkeit sein könnte, ignorieren, um sogleich in dogmatischer Umkehrung des Karneades die Ewigkeit einer naturgemäßen vera lex zu behaupten, deren Einfluß sich niemand entziehen könne; weder Volk noch Senat vermöchten daher wider göttliches Recht zu verstoßen (III 33). Naturnotwendig sind daher die Römer mit ihren innen- wie außenpolitischen Maßnahmen im Recht. Nie haben die Römer einen anderen als einen gerechten Krieg geführt, um nach formeller Kriegserklärung einen Schutzvertrag einzuhalten, ihre Sicherheit zu garantieren, bei eigener Schädigung Rache zu nehmen und Wiedergutmachung zu erzwingen:

so habe sich das römische Volk durch Verteidigung seiner Bündner mittlerweile aller Länder der Erde bemächtigt (III 34 f.). So legitim daher die römische Außenpolitik ist, so unanfechtbar erscheint auch die von Karneades bezweifelte Natürlichkeit der Adelsherrschaft: gerade dem Besten (optimo cuique) wird die Herrschaft zum größten Nutzen der Schwächeren zugewiesen — wie der Gott die Menschen, der Geist den Körper und die Vernunft die Sinne lenken (III 37). Laelius läßt sich darauf die aktuelle Anwendung seines Rom salvierenden Plädoyers auf den Störer solcher natürlichen Harmonie nicht entgehen. Als der im Jahre 133 verstorbene Attalos III. von Pergamon Rom zum Universalerben seines Reiches eingesetzt hatte, schlug Tiberius Gracchus vor, das Rom dadurch zugefallene Kapital unter die eigenen Landempfänger zu verteilen. Dann könnten doch, so Laelius, die Bundesgenossen und die Latiner unter Berufung auf derart rechtswidrige Benachteilung ihren bislang freiwillig geübten Gehorsam aufkündigen und damit Anlaß zur Sorge um die häufig beschworene Unsterblichkeit der Republik geben (III 41). Mit diesem Fehler hat also Tiberius nur zur Selbstbestätigung der Nobilität beigetragen, deren Vertreter im Dialog den Vortrag des Laelius mit erlöstem Beifall quittieren.

Nach dem Aufweis der Stabilität und Legitimität der römischen Verfassung schließt Cicero sein Werk mit der Antwort auf die Frage ab, welchen Lohn denn jene Politiker zu gewärtigen hätten, die dies Gemeinwesen gegen seine Gefährdung im Namen popularer Intentionen verteidigten. Dies geschieht durch die Erzählung eines Traumes, den Scipio im Felde vor Karthago hatte. In diesem Traum wurde Scipio verheißen, im Himmel warteten auf den guten Staatslenker weitaus schönere Belohnungen als öffentlich aufgestellte Statuen (VI 8). Angesichts der Enge unserer Erde und der Vergeßlichkeit des hiesigen Gedächtnisses findet irdischer Ruhm ohnehin nur kurzlebige Aufmerksamkeit (VI 20—25). Indes steht der Weg zum himmlischen Ruhm mit Vorrang dem offen, der zuvor seinen von Gott zugewiesenen hiesigen Amtspflichten genügt habe (VI 15). Für jeden Staatsretter ist ein Ort im Himmel vorgesehen, an dem sie ein glückliches und ewiges Leben genießen können; nichts ist nämlich dem höchsten Weltenlenker erwünschter als rechtlich verfaßte Staaten; von dort kämen deren Lenker, dorthin kehrten sie auch wieder zurück (VI 13). Nun täte man Cicero gewiß Unrecht, diese Traumerzählung isoliert als erhabene Festrede zum Trost über hiesige Verweigerungen zu deuten. Cicero hatte durchaus ein wenig mehr an konkreter Zielsetzung im Auge. Dies zeigt schon der Anlaß der trostspendenden Traumerzählung, die die Beschwerde des Laelius beantwortet, daß für Scipio Nasica Serapio, einen nahen Verwandten des jüngeren Scipio, zum Dank für seinen Tyrannenmord an Tiberius Gracchus nirgends eine Statue aufgestellt worden sei (VI 8). Bis zur Abfassungszeit von ›de re publica‹ waren diesem Beispiel unterdessen längst weitere gefolgt. Der jüngere Bruder des Tiberius, C. Sempronius Gracchus, ließ sich von seinem Sklaven töten, um sich dem Zugriff seiner Verfolger zu entziehen. Der Mariusanhänger L. Apuleius Saturninus wurde in seinem zweiten Tribunatsjahr (100) wegen einer Agrarvorlage in der Kurie ermordet. Dasselbe Schicksal ereilte M. Livius Drusus, dessen Ermordung im Jahre 99 den Bundesgenossenkrieg auslöste, nachdem er sich für eine Agrarreform und die Verleihung des Vollbürgerrechts an die Bündner eingesetzt hatte. Dieses Mittel zur Lösung des Popularenproblems, dessen Sulla sich zuletzt mit Erfolg bedient hatte, war aber mittlerweile zu riskant, wenn nicht aussichtslos geworden. Die von Sulla wiederhergestellte Senatsgerichtsbarkeit und die Aufhebung des Volkstribunats waren längst wieder rückgängig gemacht. Am endgültigen Erfolg der Popularen, gleich ob dies den Interessen des Volkes wahrhaft diente oder nicht, konnte kaum noch Zweifel bestehen. Bedenkt man dies, so kann Ciceros Somnium Scipionis nur als die verzweifelte Aufforderung gedeutet werden, mit äußersten Mitteln und ohne Hoffnung, dabei selbst zu überleben, alles auf die Karte der Erhaltung der Republik zu setzen, im übrigen aber darauf zu bauen, daß die Götter die Rettungstat im Jenseits danken werden. Ciceros Traumerzählung ist somit Ausdruck der Hoffnungslosigkeit, auf Roms irdischem Forum noch eine Wende herbeizuführen. In dieser Bedrohung kann Cicero Einwände aus theoretischen Skrupeln nicht laut werden lassen, da solche Bedenken nur noch zu weiterer Schwächung seiner Position beitrügen. So ist es denn gar nicht so verwunderlich, daß Cicero sein philosophisches Vorbild, den Skeptiker Karneades, nicht nur in der Passage, da er ihn direkt zu Wort kommen ließ, sondern in allen sechs Büchern von ›de re publica‹ verleugnen mußte. Offensichtlich war die reine Lehre nur durchzuhalten, solange sie über die Schwelle der Schule nicht hinaustrat: dem Politiker mochte die Flucht in die Philosophie jederzeit offenstehen; der Weg zurück unter konsequenter Einbringung des philosophischen Gedankens in die Politik war aber offenbar für Cicero in seiner Bedrängnis schon gar nicht gangbar. Aber auch auf seiner späteren Flucht in die Philosophie sollte Cicero nicht vergessen, was er seinem politischen Credo schuldig war, als er in den Tagen des erzwungenen Rückzugs vom Forum theoretisch Fragen der Götterlehre und der Ethik nachging.

§ 26. Cicero, ›de natura deorum‹ und ›de divinatione‹ Fürsorgliche Götter und angefochtene Auspizien

Cicero nennt sein Werk ›Vom Wesen der Götter‹ und nicht ›Vom Dasein der Götter‹, da ihm deren Existenz nicht strittig erscheint, wohl aber die Frage, ob die Götter untätig jedwede Fürsorge und Verwaltung der Dinge *(curatio et administratio rerum)* unterließen oder ob sie von Anfang an das All geschaffen hätten und bis in die fernste Zukunft *(ad infinitum tempus)* lenkten und bewegten (I 2). Die Frage nach dem Wesen der Götter ist folglich die Frage nach ihrem Verhältnis zur Welt, und zwar mit Vorrang zur Menschenwelt. Dies Problem ist jedoch insofern nur rein theoretischer Natur, als es praktisch von vornherein schon entschieden ist: wären nämlich die Götter um die Menschen nicht besorgt, wo blieben dann pietas, sanctitas, religio? Beruhte jedoch Religion auf bloßer Fiktion (ficta simulatio), so schwänden neben der pietas auch bald die anderen Tugenden, und dies hätte eine völlige Verwirrung der Lebenspraxis zur Folge (I 3). Mit dieser praktischen Argumentation aus den Folgen ist das Problem von vornherein schon entschieden, weil jede andere Lösung für den Bestand der Republik ruinös würde. Diese praktische Gewißheit wäre auch dann keineswegs zu erschüttern, wenn sie durch die Befunde des theoretischen Zusehens nicht bestätigt würde. Diente nämlich die Philosophie nicht auch als levatio animi (I 9), so wäre sie davon abgesehen in der Tat nichts weiter als ein geistreicher Luxus, dessen Genuß eine gewisse menschliche Freude am Austragen theoretischer Streitfragen empfiehlt. Als Antwort auf dieses natürliche Bedürfnis hat sich nun längst die geschichtlich-objektive Form seiner Befriedigung entwickelt, und zwar in der Frage nach dem Wesen der Götter der Streit zwischen Stoikern und Epikureern. So vergegenwärtigen sich die Unterredner im Hause des Pontifex Gaius Cotta die Auseinandersetzung der Epikureer, vertreten durch den Senator Gaius Velleius, und der Stoiker, vertreten durch Quintus Lucilius Balbus, geschehen in Anwesenheit Ciceros, dessen Part allerdings in diesem Dialog der später (II 168) als Akademiker vorgestellte Gastgeber spielt.

Der Epikureer Velleius, der die Debatte eröffnet, glaubt dank natürlicher Einprägung durch die Prolepsis (antecepta animo rei quaedam informatio) konzedieren zu dürfen, daß Götter existieren und als glücklich und unsterblich anzusehen sind (I 43 f.). Andererseits lautet auch die aufklärerische Folgerung aus der Annahme der Fürsorgelosigkeit seliger Götter nicht etwa, den Götterkult überhaupt abzuschaffen, sondern lediglich den Aberglauben, selige Wesen seien gefällig, sowie die unbegründete Furcht, jene Wesen könnten sich als feindselig erweisen (I 45). Seelenfrieden und Freiheit von Amtspflichten, nicht die Vielgeschäftigkeit des stoischen Gottes definiere ein seliges Wesen (I 52 f.), und dies sogar zum Vorteil der Menschheit, die Epikur schließlich von den Schrecken der Heimarmene und der Mantik befreit habe (I 55 f.). Diese Thesen beantwortet der Priester Cotta nach Aufdeckung theoretischer Schwächen der atomistischen Basislehre mit der Aufforderung zu größerer Konsequenz: wäre Epikur nur mutiger gewesen, so hätte er das Dasein der Götter geleugnet, wenn anders nach seiner Erkenntnistheorie nur existiere, was man auch sehen könne (I 87 f.). Nach dieser immanenten Widerlegung wendet sich Cotta dem Punkt zu, um dessentwillen die Debatte wesentlich geführt wurde, der Einrichtung des Götterkultes (I 1). Wie sollten aber, so nimmt Cotta dies Thema nun auf, Menschen Götter verehren, die sich um nichts kümmern? Welche Frömmigkeit wird dem geschuldet, von dem man nichts empfängt? Wenn Frömmigkeit Gerechtigkeit gegenüber den Göttern ist, welche Rechtsbeziehung können wir dann zu ihnen unterhalten, wenn der Mensch keinerlei Gemeinschaft mit dem Gott pflegt? (I 116 f.). Mit solcher dogmatischen Ungebrochenheit kann also Cotta alle seine akademische Skepsis vergessen, solange der Priester und der Theoretiker in ihm sich einen offenkundigen Widerspruch nicht glauben gestatten zu können. Bemerkenswert bleibt indes, daß Cotta dem Epikureer nicht etwa zusätzlich noch vorhält, er habe die Möglichkeit göttlicher Fürsorge für ein Leben nach dem Tode nicht einmal in Betracht gezogen. Vom praktischen Standpunkt aus wäre dies auch eine Frage gewesen, die den institutionellen Kult, wie immer die Antwort ausfiele, nicht berührt hätte, und theoretisch hatte Cicero in diesem Fragenkomplex weniger Anlaß zu Hoffnung als vielmehr zu Besorgnis gesehen, über die er sich den ›Tusculanae disputationes‹ (I 25 f., 81, 112) mit dem übrigens epikureischen Argument beruhigte, daß der Mensch für den einzukalkulierenden Fall seiner Sterblichkeit als Toter empfindungslos und mithin wenigstens nicht unglücklich sei. Damit hat aber skeptische Minimalbejahung einen Bruch zwischen Götter- und Menschenwelt angezeigt, der den Willen zur Unsterblichkeit erneut auf die in ›de re publica‹ noch für ungenügend befundenen Statuen, Ahnengalerien und monumentalen Grabmäler zurückverweist.

Über weitergehende Auskünfte wird sich nun auch der stoische Lehrvortrag des Balbus ausschweigen, der wegen seiner inhaltlichen Bedeutsamkeit ein wenig ausführlicher behandelt werden soll. Dies erleichtert zumal die sorgfältige Gliederung seines Vortrages (II 3). Zunächst (primum) gilt es die These zu erhärten, daß die Götter existieren

(II 4—44). Schon ein oberflächlicher Blick auf die Welt lehrt, daß sie von einem numen praestantissimae mentis, das dann auch existieren muß, gelenkt wird (II 4). Daran haben alle Menschengeschlechter einhellig geglaubt und hätten diese Überzeugung, wäre sie bloßes Vorurteil, längst aufgegeben (II 5). Ferner hätten menschliche Seher ohne Selbstoffenbarung der Götter niemals zutreffend weissagen können (II 6 f.); fehlten sie aber doch, so lag dies nicht an den Göttern, sondern an Schwächen der menschlichen Deutungskunst (II 12). So wird denn die Mantik zu einem gewichtigen Beweis für die Existenz der Götter (II 13—43). Nachdem mithin das Dasein der Götter aus sichtbaren Beweisen ihres Tätigseins gefolgert wurde, schließt die Demonstration der ersten These mit dem Umkehrschluß, daß Zweifel an der Existenz der Götter diesen auch tätige Fürsorge (procuratio et actio) absprechen müßten (II 44). Diese Fürsorge indes gilt nur für das Leben in dieser Welt und wird zudem als natürliche Tatsache mit Argumenten demonstriert — das methodische Prinzip der rationalen Theologie, von dem Balbus auch im Verfolg an keiner Stelle abweichen wird. Für die nächste Frage (deinde: II 45—80), von welcher Beschaffenheit die Natur der Götter sei, fordert Balbus, die Anschauung vom abstrahierenden Verstand zu trennen, um die Gefahr des Anthropomorphismus zu meiden. Die These, die es in dieser Frage zu erhärten gilt, lautet, daß die Welt, mit der verglichen ein Besseres nicht möglich ist, beseelt (animans) und Gott ist (II 45). Als das Vollkommenste hat die Welt Sinne, Vernunft und Geist (II 47); daher konstituieren den Kosmos nicht fortuna, temeritas, erratio und vanitas, sondern ordo, veritas, ratio und constantia (II 56). Als „Weltgeist" (mens) verbürgt die Pronoia (providentia), daß die Welt für ihr Fortbestehen zweckmäßig angeordnet ist (II 58). Dies macht äußerlich schon die Schönheit der Gestirne, in denen die Götter sinnfällig werden, deutlich (II 59 ff.), während deren tatsächliche Fürsorglichkeit auch sprachlich aus der Etymologie ihrer Namen erhellt: Jupiter, im Akkusativ Jovem, kommt von iuvare (helfen), Demeter von gemeter (Mutter der Erde) und Mars, altlateinisch Mavors, von magna vertit (wendet große Dinge) (II 64—67). Die damit erhärtete Qualität der Götter, fürsorglich zu sein, erklärt schließlich, weshalb die Welt durch eine bessere nicht überbietbar ist: göttliche Providenz hat die Welt und alle ihre Teile im Anfang geschaffen und verwaltet sie ohne Unterbrechung (II 75). Das Providenzprinzip, bislang als qualifizierendes Merkmal der Götter entwickelt, wird nun in seiner Bedeutung für die von Natur seienden Dinge (tum: II 81—139) und speziell für die Menschen (postremo: II 140—168) ausgelegt. Dabei ist Natur nicht eine vernunftlose Kraft, die nur Kausalwirkungen auslöst, sondern als methodisch (via) vorgehende Kraft auch verstehbar macht, was sie jeweils zu welchem Zweck vollbringt (II 81). Dies bestätigen Ausgewogenheit des Sternenkosmos (II 98—119) ebenso wie die Ausstattung der Pflanzen- und Tierwelt, damit ihr Schutz, Überleben und ihre Fortpflanzung gesichert sind (II 121—139). Nach der Ausführung dieses bemerkenswerten Lehrstücks teleologischer Biologie krönt Balbus seinen Vortrag mit dem Nachweis der besonderen Auszeichnung des Menschen durch die Götter. So setzen den Menschen der aufrechte Gang und sein Augenlicht wie Späher (speculatores) auf der Burg in den Stand, beim Anblick des Himmels von den Göttern die richtige Vorstellung zu gewinnen (II 140), ein Ansatz, der erklärt, warum das antike Gottesverhältnis „spekulativ“, nicht aber als Frage des Glaubens bestimmt ist. Die ohne cura divina undenkbare Ausstattung des Menschen mit animus, mens, ratio, consilium und prudentia (II 147) gestattet die Ausbildung der Künste teils zur Befriedigung täglicher Bedürfnisse, teils zur Freude am Leben. Aus den Künsten ragt die Beredsamkeit heraus, die ebenso belehrend ist wie sie die rechtlich-politische Formierung der Städte erwirkte und dadurch den Menschen aus dem rohen und wilden Stadium seiner Entwicklung befreit hat (II 148). Damit erst erhielten die Künste die Voraussetzung, Städte, Mauern, Häuser und Tempel zu schaffen (II 150). Komplementär zu diesen instrumentalen Fähigkeiten verhält sich die geographische Struktur der Erde, die es gestattet, Felder zu bewässern, Flüsse einzudämmen und dadurch gleichsam eine altera natura zu schaffen (II 152). Dies providentia-Prinzip dehnt Balbus schließlich so weit aus, daß es sowohl den Göttern als auch den Menschen sachlich vorhergeht: die Welt ist nämlich für Götter und Menschen geschaffen, als beider urbs und domus, besonders aber zum Nutzen der Menschen (II 154). Soviel zum Lehrvortrag des Balbus.

In den Augen des Cotta unterscheidet sich nun Balbus formal wenig vom Epikureer Velleius, sofern auch er Autoritäten (auctoritates) mißachtet und allein mit Vernunftargumenten (ratio) streitet (III 9). Da er indes aufgrund seiner inhaltlichen Erwägung das Providenzprinzip bejaht, mithin das Fundament aller Religionsausübung nicht in Frage gestellt hat, kann Cotta jetzt die andere Seite der akademischen Beobachterfigur ins Spiel bringen, Theorie nicht als verbotenen, sondern geradezu als gebotenen Luxus zu betrachten, sobald gefährliche Folgen von vornherein nicht zu befürchten sind. So trägt denn Cotta in der Erwartung, mit Sicherheit widerlegt zu werden (III 95), seine Einwände vor, daß etwa der Beweis ex consensu gentium schwach sei, weil er ja auch die vielen Toren als Autorität anerkenne, die doch nach stoischer Lehrmeinung wahnsinnig seien (III 11), daß ferner die Naturkenntnis unmöglich würde und dem Aberglauben Platz machte, wenn nicht die Gestirne, sondern folgerichtig dann auch alle Regenwolken Götter wären und somit die Vergöttlichung der Natur bis ins Unendliche weiterginge (III 51 f.). Die Hauptfrage für Cotta bleibt indes, ob die Götter wirklich das Handeln der Menschen umsorgen (III 65), sofern doch offenbar, wenn überhaupt, so nur wenige Menschen mit der Gabe eines gesunden Verstandes ausgestattet wurden (III 70). Wie lassen sich ferner die um sich greifenden Korruptionsprozesse erklären, wenn die zu solchen Verbrechen nötige Verkehrtheit nicht auch von den Göttern in uns angelegt ist? (III 74 f.) Wie konnten in diesen Tagen so viele edle junge Römer ums Leben kommen (III 80), wie konnte der Tyrann Dionysios, durch keinen Jupiter gestraft, Tempelraub begehen und die geraubten Schätze auch noch legal seinem Sohn vererben? (III 84) Da ist die stoische Auskunft, das Walten der Götter reiche noch über den Tod hinaus und könne auch die Nachkommen treffen, ebenso unbefriedigend wie allem Rechtsempfinden zuwider (III 90). So kommt Cotta, der also mit einem Jenseitsgericht offenbar nicht rechnet, zu der These, gleichsam frevelhaft sei es, die Providenz als gegeben anzunehmen, wenn von vornherein klar sei, daß jene mit Vernunft ausgestatteten Wesen von dieser Gabe verkehrten und unsittlichen Gebrauch machen würden (III 78).

Diese Replik des Cotta bleibt unbeantwortet, weil die Dämmerung hereinbricht, ohne daß dieser Gesprächsabbruch auch nur mit einem Wort bedauert wird: so gewiß war, daß Cottas Einwände durch ihre Beantwortung allenfalls noch zu einer Stärkung der dogmatischen Position führen müßten. Indes hat es Cicero nicht unterlassen, die verschiedenen Perspektiven der Unterredner noch gegeneinander abzuheben. Balbus appelliert an Cottas Interesse als eines Pontifex, die stoische Position schon mit Rücksicht auf sein Amt zu akzeptieren. Der Epikureer Velleius stimmt Cottas kritischen Bemerkungen freudig zu, wenn auch nicht dessen Versicherung, Balbus werde seine Argumente zweifellos wiederlegen können. Cicero selbst erklärt, für ihn sei Balbus der Wahrheit näher gekommen, deutet also vorsichtig an, daß er vielleicht nun auch den Weg des Philon und des Antiochus gehen könne, und hat wahrscheinlich auch aus diesem Grunde Cotta den akademischen Part übernehmen lassen. Damit jedoch nicht genug der Verwicklungen. Nachdem nämlich Cotta noch betont hatte, er sei stets fest überzeugt gewesen, daß Romulus durch die Auspizien und Numa durch die Festlegung der Opferriten dem Gemeinwesen ein festes Fundament geschaffen hätten (III 5), weiß Velleius mit seiner Schlußbemerkung, die Stoiker hielten von Jupiter zugeschickte Träume für noch wichtiger als ihre eigenen Theorien über die Götter (III 95), das noch offene Problem der Mantik ins Spiel zu bringen, dessen Austrag Cicero zwingt, nun doch die Rolle wieder mit Cotta zu tauschen.

Dieser Frage stellt sich Cicero in ›de divinatione‹, einem Werk, das er dort (II 3; vgl. I 9) ausdrücklich als Fortführung von ›de natura deorum‹ anerkennt, ohne der fehlenden Beantwortung der Einwände Cottas auch nur noch mit einem Wort zu gedenken. — Den dogmatischen Part übernimmt Ciceros Bruder Quintus, der die Mantik, den stoischen Traditionen genau folgend, in natürliche Weissagung durch Begeisterung und Träume sowie in künstliche bei Opferschau, Auspizien, Losen und Astrologie einteilt. Wesentlicher als seine Ausführungen zu diesen beiden Formen der Mantik ist aber das Axiom des Quintus, daß Götter existieren müssen, wenn es Weissagung gibt, und umgekehrt Weissagung, wenn es Götter gibt (I 9). Und Quintus erwartet, daß sein Bruder dieser These zustimmt, nachdem er am Ende von ›de natura deorum‹ für Balbus Partei ergriffen habe. Dabei muß er aber Ciceros skeptische Vorbehalte überhört haben, in Fragen der Auspizien und göttlichen Dinge sei bei Strafe kindischen Aberglaubens Übereiltheit um jeden Preis zu meiden (I 7). So zeigt denn auch Ciceros Gegenrede im II. Buch, daß er Balbus wohl deshalb ohne Zögern beipflichten konnte, weil dieser sich zu Fragen der Mantik ausgeschwiegen hatte. In der Tat bezweifelt Cicero die theoretische Begründbarkeit der Mantik unter Berufung auf Karneades, der schlicht gefragt habe, Organon welcher Erkenntnis denn die Weissagung überhaupt sein könne, wenn es nicht Dinge seien, die wir sehen, fühlen und hören, nicht Dinge, die wir durch Kunst ins Werk setzen, nicht lebenspraktische Fragen, die die Philosophie behandelt, schließlich nicht Fragen nach den Elementen, denen sich die Physik widmet; und daraus folge nach dem modus tollendo ponens, daß die Mantik einen eigenen Zuständigkeitsbereich gar nicht aufweisen könne (II 8—12). So muß also Cicero die eingangs geäußerte Hoffnung des Quintus auf seine Zustimmung enttäuschen und fügt erläuternd hinzu, er wolle mit der Ausrottung des Aberglaubens seinen Bürgern dienen und könne dies auch unbesorgt tun, da ja die Beseitigung des Aberglaubens keineswegs die Beseitigung der Religion bedeute (II 148). Noch einmal betont Cicero die Verdienste des Karneades um die Klärung dieser Frage und schließt mit einem erneuten Bekenntnis zum Prinzip der skeptischen Akademie, nach Vergleich der vorgetragenen Argumente undogmatisch nur zu billigen, was der Wahrheit am nächsten komme (II 150). Und doch unterscheidet sich das Verhältnis des gewesenen Auguren Cicero zur Akademie wenig von dem des amtierenden Pontifex Cotta. Ob mit oder ohne Augurenlächeln hat Cicero zwischen dem zweifachen Beifall für Karneades die Auspizien um des Gemeinwesens und des gemeinschaftlichen Kultes willen für unabdingbar erklärt (II 28) und betont, daß bis heute trotz aller Bedenken mit Rücksicht auf die Volksmeinung (opinio vulgi) und im Interesse der Republik das Recht der Auguren und das Ansehen ihres Kollegiums gewahrt wurde (II 70). Um dieser Interessen willen seien die Auspizien, die sich anfangs nur auf die opinio stützten, beibehalten worden (II 75). Damit knüpft Cicero, der Einwände gegen die Auspizien offensichtlich nur dann gelten läßt, wenn sie in allzu theoretischer Allgemeinheit lediglich den Aberglauben an sich treffen, an seine Aussage in ›de re publica‹ (II 15) an, Romulus habe die bis heute durchgeführten Auspizien zum Wohle Roms gestiftet, sowie an seine sakrale Gesetzgebung in ›de legibus‹ (II 21), die die Auspizien sanktionieren und deren Respektierung durch die Behörden verlangen (III 11). Cicero erließ dies Gesetz, obwohl er auch in diesem Werk schon Bedenken hatte: zwar sei nicht zu leugnen, daß die Mantik derangiert sei, aber wegen einer Fülle zutreffender Vorhersagen in der Vergangenheit könne ihr nicht grundsätzlich das Existenzrecht bestritten werden (II 32 f.). Daran muß Cicero in der Tat ein vitales Interesse haben, nachdem sich die Mantik als Exekutivorgan naturrechtlich begründeten Optimateninteresses bewährt hatte. Wenn nämlich jedes auf die divina mens gegründete Gesetz (II 10) eine Konkretion des von Natur Gerechten ist, so ist jedes Gesetz, das dieser Bedingung nicht genügt, kein Gesetz (II 13). Da nun ein Gesetz ohne diese Stütze gar nicht erst in Kraft treten und Gültigkeit behalten kann, tragen Agrarvorlagen, die der Senat mit einem Federstrich zu Fall bringen kann wie die lex Titia und die lex Apuleia, weder legitimen noch wirksamen Gesetzescharakter (II 14). Diesen seinen Federstrich konnte der Senat wiederum nur ziehen, weil die Auguren rechtzeitig auf den Plan traten und so einen Frevel verhinderten. Die lex Titia des Sextus Titius, der im Jahre 99 Volkstribun war, wurde auf Einspruch des Konsuls und Auguren Philippus zu Fall gebracht (II 31), nachdem das Augurenkollegium im Kampf zweier Raben während der Abstimmung ein Zeichen der Götter erkannte. Dem Mariusanhänger und Volkstribunen L. Apuleius Saturninus, der sich mit seiner Vorlage für die Veteranenversorgung mit Landparzellen einsetzte, war es im Jahr zuvor noch übler ergangen. Als nämlich der Senat über seinen Antrag abstimmte, forderten die Auguren, die Sitzung abzubrechen, weil sie einen Donnerschlag vernommen hätten.

Saturninus höhnte darauf, gleich werde auch Hagel niedergehen, wenn die Versammelten nicht auf ihren Plätzen blieben, und wurde, als es darüber zu Tätlichkeiten kam, ermordet.

Die Einheit von ›de natura deorum‹ und ›de divinatione‹ mag dem Wortlaut nach darin liegen, daß die zweite Schrift ergänzte, was die erste noch unerörtert gelassen hatte. Ungleich gewichtiger scheint aber, worin diese Einheit negativ liegt, nämlich darin, daß für Cicero wie für Cotta gleichermaßen die skeptische Akademie zu einem Gerichtshof geworden ist, der jedweden contempt of court wie eine Selbstverständlichkeit ungeahndet hinzunehmen hat. Cicero hat das Vergebliche und die praktische Bedeutungslosigkeit solcher Skepsis am Ende vielleicht selbst gespürt, als er in seinem letzten Werk ›de officiis‹ nun doch, wie am Ende von ›de natura deorum‹ schon angedeutet, auf die Stoa setzte. Diesen Schritt brauchte Cicero nicht einmal als Bruch zu empfinden, denn die akademische Beobachterfigur forderte ja jederzeit einen bestimmten Inhalt, den sie beobachten konnte, und Philon und Antiochus hatten ja auch schon ihr formales Rüstzeug durch Anleihen aus der stoischen Dogmatik ergänzt, ohne damit ihre Herkunft zu verleugnen. Wie indes die Gewichtsverlagerung von der Skepsis zur Dogmatik theoretischen Ansprüchen bekommt, wäre nun bei der Darstellung von Ciceros Vermittlung des bonum und des utile in ›de officiis‹ zu prüfen.

§ 27. Cicero, ›de officiis‹ *Die Vermittlung von bonum und utile*

Ciceros letzte philosophische Schrift ›de officiis‹ ist erstmals nicht in Dialogform mit abschließender Entscheidung über die Wahrscheinlichkeit der vertretenen Positionen, sondern als geschlossener Lehrvortrag abgefaßt. Dies mag zum Teil daran gelegen haben, daß auch Cicero die unverbindliche Spielerei akademischer Urteilsfindung gespürt haben dürfte, zum Teil vielleicht aber auch mit neuerdings eingetretenen Lebensumständen zusammenhängen, die von ihrer sie begleitenden philosophischen Reflexion mehr dezidierte Direktheit verlangten. Zum einen scheint nämlich Cicero die Schrift nicht von ungefähr seinem Sohn Marcus gewidmet zu haben, der als Student in Athen nicht nur seinen Lehrer, den Peripatetiker Kratippos, hörte (I 1, III 121), sondern sich auch durch bemerkenswerte Trinkfestigkeit auszeichnete. Cicero spricht diesen Punkt zwar nirgends an, weist aber warnend darauf hin, daß der Sohn eines berühmten Vaters gleichermaßen bei allem, was er tut, im Lichte der Öffentlichkeit steht (II 44), dem

Namen seines Vaters aber um so weniger Schande machen und speziell die Chancen eines Studienaufenthaltes in Athen nicht vertun darf (III 6). Aber auch abgesehen von diesen beiden Stellen, an denen sich Cicero direkt an seinen Sohn wendet, zählt er zum Vater-Sohn-Verhältnis noch eine Fülle mythologischer und geschichtlicher Beispiele auf, die nicht zufällig sein kann.[45] Zu diesem unmittelbar privaten Anlaß, den Sohn auf die Pflichten seines Standes hinzuweisen, kommt nun aber hinzu, daß Cicero neuerdings politisch wieder eine aktive Rolle spielt, zu deren Umständen und Erfordernissen wiederum der Inhalt des Werkes in Einklang stehen muß. Zwar beklagt sich Cicero auch in diesem Werk, er befinde sich ständig auf der Flucht vor dem Anblick krimineller Politiker, die ihm sonst allenthalben begegneten, und seine Muße nach Lahmlegung des Senats und der Gerichte gleiche keineswegs der Muße des älteren Scipio, der während der Pausen zwischen glanzvollen Taten auf dem Forum in der Einsamkeit wieder zu sich selbst gefunden habe. Diese Klage führt aber Cicero erst im Prooemium zum dritten Buch. Nur wenige Monate vorher hatte er seine Situation in dem kommentierten Schriftenverzeichnis im Prooemium zum zweiten Buch von ›de divinatione‹ noch dahingehend dargestellt, daß nach all dem Unheil, das ihn in die philosophische Schriftstellerei getrieben habe, er jetzt doch wieder nach seinem politischen Rat gefragt werde und daher seine ganze Kraft der Republik widmen müsse, mithin nur die wenigen verbleibenden Stunden auf die Philosophie verwenden könne (div. II 6). Diesen Satz scheint Cicero in dem Bewußtsein geschrieben zu haben, ›de divinatione‹ sei sein vorläufig letztes philosophisches Werk, zumal er auch ›de officiis‹ nicht einmal als geplantes Vorhaben erwähnt. Und doch schreibt Cicero in den Monaten Oktober bis Dezember 44 eine weitere philosophische Schrift, also genau in der Zeit, in die sein letzter verzweifelter Kampf um die Erhaltung der Republik fällt. Am 2. September hatte er die erste Philippische Rede gehalten und am Monatsende als Antwort auf die Schmährede des Antonius vom 19. September die zweite Rede in einer Flugschrift publiziert. ›De officiis‹ war schließlich schon vollendet, als Cicero am 20. Dezember gegen Antonius, der gerade D. Brutus vor Modena belagerte, mit der dritten auch die schärfste Rede hielt, in der er wenn auch nicht ohne Bedenken dem Senat empfahl, auf Oktavian zu setzen.

[45] Neben Beispielen aus der Mythologie — dem gegenüber dem Sohn zu strengen Theseus und dem zu milden Sol (I 32, III 94) — nennt Cicero mehrere Fälle aus römischen Familien, wo die Söhne ihre Väter entweder übertrafen (I 116) oder hinter diesen zurückblieben (I 138).

Alle diese Vorgänge nahmen Cicero naturgemäß so in Anspruch, daß er davon Abstand nehmen mußte, seinen Sohn, wie ursprünglich vorgesehen, in Athen zu besuchen (III 121). Wenn aber Cicero unter all diesen Umständen sich doch der Mühe unterzog, noch eine weitere philosophische Schrift abzufassen, so konnte das darin Erwogene nicht akademischer Luxus sein; es mußte vielmehr auf eine verbindliche Deutung der eigenen politischen Prinzipien hinauslaufen. So bekennt sich zwar der um Konstanz besorgte Cicero auch in ›de officiis‹ noch zum akademischen Prinzip der skeptischen Prüfung (II 8) und zu deren Freiheit, für die Argumentation einzutreten, die dem Beobachter am ehesten richtig erscheint (III 20), aber in dieser Form theoretischen Zusehens hinterläßt die akademische Skepsis nirgends im ganzen Werk konkrete Spuren; ihre Funktion ist es vielmehr, vermöge kritischer Distanz bei der geplanten Rezeption der stoischen Ethik nach Maßgabe praktischer Interessen auf Lücken aufmerksam zu machen, die noch konstruktiver Füllung bedürfen. Wo aber diese Lücken im stoischen System klaffen, hatte Cicero schon früher ausgesprochen: indem die Stoiker nämlich versichern, nur das bonum genüge dem Kriterium des honestum (sittlich legitim), disqualifizieren sie jede Sorge um die Gesundheit, den verantwortungsvollen Umgang mit dem Vermögen, die Verwaltung des Gemeinwesens, die Einhaltung der Regeln bei der Abwicklung von Geschäften, schließlich die alltäglichen Pflichten des Lebens (fin. IV 68). Nun bestätigt aber der Ansatz des Stoikers Panaitios, auf den sich Cicero in ›de officiis‹ beruft, daß auch innerhalb der Stoa selbst die Adiaphorontheorie als Schwäche erkannt wurde und damit Ciceros Verdacht, der Konflikt zwischen dem honestum und dem utile sei von vornherein ein Scheinkonflikt, neue Nahrung erhält. Panaitios selbst ist indes so weit nicht gegangen, sondern hat lediglich anerkannt, daß bei jeder praktischen Entscheidung neben der Frage nach dem honestum auch diejenige nach dem utile zu stehen habe, aber er hat offengelassen, wie die Entscheidung im Falle eines Widerstreites zwischen beiden Aspekten zu treffen sei (off. III 7 f.). Darüber hinaus bemängelt Cicero, daß Panaitios an keiner Stelle die sittlichen Pflichten (officia) definiere (I 7) und — schlimmer noch — sich im Falle eines Pflichtenkonflikts nirgends zum Vorrang der praktischen vor den theoretischen Tugenden bekenne (I 152 ff.), schließlich überhaupt unerörtert lasse, welches Gut bei einer Interessenkollision vorzuziehen sei (II 88). Auch zu derartiger Kritik vermochte also akademische Skepsis den Anstoß zu geben und damit in den Augen Ciceros die Einhelligkeit philosophischer und politischer Interessen sogar positiv zu garantieren.

Bei dieser erklärtermaßen praktischen Intention der Korrektur an Panaitios nimmt es auch nicht wunder, wenn Cicero in der Tugendlehre, die das erste Buch ausbreitet, der Theorie (veri cognitio) als Erholung von den allein Ruhm versprechenden Taten lediglich zwei Paragraphen widmet (I 18 f.), während die folgenden 131 Paragraphen ausschließlich die Sozialtugenden behandeln, deren Funktion im Beitrag für die Einrichtung des „gemeinsamen Lebens" liegt (I 7). Dieses Ungleichgewicht gestattet zugleich Cicero, störende Einwände skeptischer Theorie überall da zu überhören, wo sie praktisches Interesse als manifestes Parteiinteresse dekuvrieren könnten. So obliegt es der Gerechtigkeit (iustitia: I 20—42), wenn alle vorhandenen Güter den Menschen zum Nutzen dienen sollen, unter Führung der Natur in gerechtem Wechsel von Geben und Nehmen die gemeinsamen Interessen zu befördern. Fundament dieser Wechselbeziehungen ist die Gerechtigkeit insbesondere, sofern unter ihren Auspizien die Verläßlichkeit (fides) bei Verträgen und Vereinbarungen gewährleistet ist (I 22). Hinter dieser Bestimmung verbirgt sich aber das politische Implikat, daß mit Hilfe der Autorität des Gerechtigkeitsprinzips einmal geschaffene Eigentumsverhältnisse unveränderlich gelten (I 21). An der Verbindung der Gerechtigkeit mit den Tugenden des Patronus (beneficentia, benignitas, liberalitas: I 43—60) wird schließlich sichtbar, was Koinzidenz von Rechts- und Lebensordnung bedeuten kann. Nach bestimmten Kriterien ermißt der großzügige Wohltäter, ob der Empfänger seiner Wohltaten, auf die ein Rechtsanspruch nicht besteht, auch würdig ist; dazu prüft er Charakter und Gesinnung des Empfängers, seine Zugehörigkeit zum eigenen Lebenskreis (I 50—54) sowie vorher schon erbrachte Vorleistungen (I 45). Im Blick auf solche über Einklagbares hinausgehenden Fürsorgeaussichten wird kein Klient dem Patronus nur säumig Gefolgschaft leisten und dadurch seine günstige Beurteilung riskieren.

In der Tugend der Großherzigkeit (magnanimitas: I 61—92) verbündet sich Distanz zu Allzumenschlichem mit tapferer und konsequenter Verfolgung sittlicher Ziele (I 61—65); da deren Sache auf dem Spiel steht, deutet Cicero stoische Gelassenheit um in standhafte Unabhängigkeit (constantia) gegen volkstümliche Vorurteile und falsche Begehrlichkeiten (I 66—68). Daraus leitet sich auch ein Einwand insbesondere gegen die stoische Philosophie ab: wenn nämlich nicht Flucht in stille Muße, sondern mit Vorrang fruchtbare Leistungen für das Gemeinwesen als tugendhaft gelten (I 69 f.), so erscheint das Ethos der Gleichgültigkeit gegen Äußeres bloß als Alibi der Scheu vor dem Risiko, etwa bei einer Amtsbewerbung durchzufallen (I 71/73). Ohne die Mitte zwischen beiden Möglichkeiten, Theorie nämlich aus Interesse an gerechter Praxis, ins Auge zu fassen, weist Cicero die Tugend der Geringschätzung menschlicher Dinge sowie die Disposition zu sittlichem Ernst und Folgerichtigkeit der Lebensführung (gravitas/constantia) lieber dem tätigen Politiker als dem theoretischen Philosophen zu (I 72). Damit begibt sich jedoch Cicero einer traditionell legitimierten Instanz der unparteiischen Prüfung, wer denn wirklich Nutz und Frommen des ganzen Staatskörpers (totum corpus rei publicae) im Auge hat, wenn bei Aufruhr und Zwietracht die einen den Popularen, die anderen den Optimaten, aber nur wenige dem Interesse des Ganzen dienen (I 85).

Für Cicero ist die Bewährung des Prinzips der Konvergenz von honestum und utile (II 9, III 20) Sache des praktischen Bewußtseins, das gleichsam als sensus communis aus dem immer schon gelebten Ethos gegenseitigen Wohlverhaltens die Begründung für seine situationsbezogenen Entscheidungen ableitet. Wohltätigkeit, öffentliche Schenkungen und rhetorischer Beistand gewähren den Bedrängten jenen Nutzen, der wieder zurückwirkt auf Ansehen und politische Karriere des großzügigen Patronus (II 52—71). Wer sich der ciceronischen Formel zuwider auf Unkosten anderer bereichert, zerstört das naturgemäße Band menschlicher Gemeinwesen, sofern die Verletzung auch nur eines Gliedes notwendig den ganzen Körper trifft (III 21 f.). Raub und Übervorteilung widersprechen dem Geist sowohl des Völkerrechts (ius gentium) als auch den Gesetzen der einzelnen Völker. Diesen formalen Rahmen ergänzt nun römisches Rechtsbewußtsein durch das Moment der fides, deren objektiver Ausdruck, die Verläßlichkeit als notwendiges Element öffentlicher Sittlichkeit, sich nicht minder von selbst verstehen soll als der subjektive, die Glaubwürdigkeit als moralische Pflicht. Wenn ein Kaufmann, der in Rhodos während einer Hungersnot mit einer Getreideladung vor Anker geht, erfahren hat, daß weitere Schiffe aus Alexandrien ebenfalls mit Getreideladungen unterwegs sind, so muß er bei diesem Konflikt zwischen Sittlichkeit und Nutzen vor der Preisfestsetzung die Rhodier, die auf Treu und Glauben den Kaufkontrakt eingehen, über seine Kenntnis informieren (III 51—57).[46] Nun zeigt aber die unbedingt legitime Bejahung der fides auch noch einen anderen Gesichtspunkt, insofern Cicero aus diesem Regulativ sogleich wieder einen Angriff auf populare Politik entwickelt, da sie ja den Staat hindere, das Vertrauen seiner Bürger auf

[46] Die in diesem mit Bedacht so zugespitzt gewählten Beispiel steckenden Probleme werden von Cicero noch näher erörtert; siehe dazu unten Seite 130 f.

Eigentumssicherung zu rechtfertigen. Das Antasten fremden Gutes widerspreche göttlichem und menschlichem Gesetz als der Vernunft der Natur (ratio naturae) mehr als Tod, Armut und Schmerz (III 23 f.). Wie Gaius Gracchus dem Volk nicht so viel Getreide spenden durfte, daß er damit den Staatsschatz völlig ruinierte (II 72), so unerlaubt ist es, von Staats wegen das Eigentum Privater zu mindern. Als der Volkstribun Philippus mit einer Ackergesetzvorlage im Jahre 104 scheiterte, habe er dies zwar korrekt hingenommen, aber doch nicht die Bemerkung unterdrückt, er sei in einem Staat überstimmt worden, in dem nicht mehr als zweitausend Besitzende lebten — ein für Cicero verhängnisvoller Satz, der auf die schlimmste Pest, die völlige Gütergleichheit (aequatio bonorum), hinauslaufe, wo doch die Menschen gerade die Sicherung ihres Eigentums erwarteten, als sie in den Staatsverband eintraten (II 73). Zugleich sei auch das Volk keineswegs rechtlos, wenn es von demselben Staat, der den Besitzenden den Schutz des Eigentums garantiere, verlangen könne, daß er zu hohe Besteuerung und Bereicherung im Amt unterbinde (II 74—77). Politiker jedoch, die „populares" heißen wollen, den Grundbesitz antasten und die Besitzenden um ihre Habe bringen, um andere von ihrer Schuldenlast zu befreien, erschüttern die Fundamente des Staates — die Eintracht (concordia), die zerbricht, wenn man den einen gibt, was man den anderen nimmt, und die Gerechtigkeit (aequitas), die aufhebt, wer nicht jeden das Seine besitzen läßt (II 78). Die Mißachtung dieser Grundsätze zahlt sich auch für die Agrarreformer nicht aus: die Enteigneten werden es ihnen nicht vergessen, und die Entschuldeten erinnern sich nur ungern ihrer früheren Zahlungsunfähigkeit (II 79). So seien denn auch Agrarreformer wie der Spartanerkönig Agis und die beiden Gracchen folgerichtig und zu Recht gescheitert (II 80). Während seines eigenen Konsulats, so betont Cicero, habe er den Ruf nach Niederschlagung der Schulden erstickt und die Republik gerettet. Nie seien die Schulden höher gewesen, aber nie seien sie unverzüglicher abgetragen worden. Nachdem niemand mehr auf öffentlich geduldeten Betrug habe setzen können, habe er auch gezahlt (II 84).

In diesem Zusammenhang geht Cicero noch näher auf sein Konsulatsjahr ein und fällt ein scharfes Urteil über seinen damaligen Gegner Caesar: dieser Mann, der ohne jedes plausible Motiv Vergehungen um ihrer selbst willen genieße, sei zwar zuletzt siegreich, damals aber besiegt gewesen. Damit spielt Cicero auf einen persönlichen Erfolg an, den er seinerzeit zumindest indirekt gegen Caesar errungen hatte. Gleich zu Beginn seines Konsulats hatte der Volkstribun P. Servilius Rullus eine Gesetzesvorlage eingebracht, mit der er eine Bodenreform unter der Aufsicht eines mit außerordentlichen Vollmachten ausgestatteten Zehnmännerkollegiums anstrebte. Gegen diesen Rullus hielt daraufhin Cicero im Senat eine Rede ›de lege agraria‹ und zwei weitere vor dem Volk, die Rullus als einen Mann schildern, der, seitdem designierter Volkstribun, in Mimik, Stimme und Gang, durch schmutzige Kleidung, mangelnde Körperpflege, struppigen Bart und lange Haartracht tribunizische Gewalt vor sich hergetragen habe, um sich auf seine Rolle als Bürgerschreck sorgsam vorzubereiten; außerdem wußte er sich in der Volksversammlung einer derart überspannten Diktion zu befleißigen, daß kaum jemand sein Latein verstehen konnte (leg. agr. II 13). In seiner Rede vor dem Senat verwies Cicero auf die Unkontrollierbarkeit der vorgesehenen außerordentlichen Vollmachten des Zehnmännerkollegiums, das selbstherrlich mit der Regierung ebenso wie mit seinen Opfern und sogar noch den Nutznießern des Besitzwechsels verfahren könne; die Gefahr einer „altera Roma" als zweiten Regierungssitzes sei bedrohlich in den Bereich des Möglichen gerückt (I 24; vgl. II 8). In der Peroratio fordert Cicero die übrigen Volkstribunen auf, sich von jenen zu distanzieren, die sie ohnehin bald im Stich ließen: schließt euch mit uns, den Guten, zusammen und rettet die Republik in gemeinsamer Anstrengung. Keineswegs werde das Volk den Senat desavouieren, da jeder, der ohne Schaden davonkommen wolle, auf dessen Autorität vertraue. Unter zustimmender Beteiligung des ganzen Senats werde Cicero dessen Prestige verteidigen und im höchsten Interesse der Republik deutlich machen, daß das alte Ansehen dieses Standes nach langer Unterbrechung dem Staat zurückgewonnen sei. — Vor dem Volk betonte Cicero, er habe sich im Senat als popularer Konsul angekündigt, weil er der rechtlichen und politischen Unsicherheit des Gemeinwesens entgegenwirken wolle: was aber liege mehr im popularen Interesse als Friede, Freiheit und Ruhe? Und dies zu garantieren, laute der Schutzauftrag seines Konsulats (II 8 f.). Daher habe Cicero, keineswegs erklärter Gegner jeder Agrarreform, schon im Vorjahr als designierter Konsul dem designierten Volkstribunen Rullus seine Unterstützung angeboten, sei aber abgewiesen worden, da man ihm nicht glaubte, er werde auch nur eine Getreidespende billigen (II 11 f.). Im übrigen habe er beim Studium der Gesetzesvorlage durchschaut, daß nicht von Volksinteressen die Rede war, sondern allein davon, wie die „decem reges" zu Herren der Staatsfinanzen, der Provinzen, schließlich des gesamten Gemeinwesens werden könnten (II 15). Niemand dürfe aber Anspruch auf populare Politik erheben, wenn er, was ohne Ausplünderung der Staatskasse nicht einzulösen sei, blindlings öffentliche Spenden verspreche; ebenso ruiniere die Nichtigerklärung gefällter Urteile und die wahllose Begnadigung Verurteilter den Staat; wer dem Volk illusionäre Hoffnungen auf baldigen Ackerbesitz vorspiegele, damit aber undurchsichtige private Ziele verfolge, könne nicht den Titel eines popularen Politikers führen (II 10). Cicero vermochte sich durchzusetzen und die Vorlage des Rullus, der aus dem Hintergrund von Caesar gesteuert wurde, zu Fall zu bringen; und wenn Cicero auch den Krankheitsherd selbst nur mit rhetorischen Linderungsmitteln bekämpfen konnte, so sind doch seine Argumente gegen das falsche Heilverfahren des Rullus vollauf plausibel. Auf diesen vor nahezu zwanzig Jahren errungenen Erfolg blickt Cicero in ›de officiis‹ (II 85) zurück, als er betont, solche Einseitigkeiten wie die des Rullus wisse der gute Staatenlenker zu verhindern: das Recht als Eigentumsrecht wahrend trage er Sorge, daß die Besitzlosen ihre soziale Schwäche nicht spüren müßten und den Wohlhabenden die Sicherung ihres Besitzstandes nicht verübelt werde. Ohne vermittelnden Übergang heißt es darauf zum Trost der Verarmten weiter, man werde bemüht sein, den Machtbereich der Republik, mithin deren Territorien und Steuereinnahmen zu vergrößern; dies sei seit alters Sache großer Männer, die sich in Erfüllung solcher officia Ruhm und Ansehen, verbunden mit dem Vorteil aller, erworben hätten.

Nachdem Ciceros Explikation der Tugend der magnanimitas am Ende recht frei von Skrupeln wurde, ist zu erwarten, daß auch die vierte Kardinaltugend, die temperantia oder modestas (I 93—151) von bestimmten Interessenperspektiven nicht unbeeinflußt bleibt. In seiner neutralen Bestimmung ist nun das Prinzip der temperantia das honestum, schickliches Betragen (decorum) seine äußere Erscheinungsform (I 93 f.). Dank humaner Bändigung unmittelbarer Antriebe (I 102), verbunden mit dem ins Auge stechenden Habitus des Vornehmen, unterscheide sich der Mensch vom Tier, und dies verpflichtet ihn, zu Ernst (gravitas) und nicht zu Spiel und Scherz geschaffen, nach Gewichtigem und Höherem zu streben (I 103). Die Problematik dieser Adelsethik offenbart indes erst die Konkretion, worin nämlich das ehrenvolle Streben des Vornehmen liegt und welche Tätigkeiten vom Schmutz des Niederen behaftet sind (I 150 f.): Ordinär ist das Gewerbe der Zöllner, Wucherer, Tagelöhner; der Zwischenhändler, die ohne Betrug Gewinn nicht erzielen könnten; aller Handwerker, da einer Werkstatt nichts Edles eignet; schließlich der Fischer, Metzger, Köche und Geflügelhändler; der Salbenverkäufer, Tänzer und Würfelspieler. Ehrenvoll hingegen sind Medizin, Architektur und die Pflege edler Wissenschaften. Während der Kleinhandel gewiß gemein ist, dürfte hingegen der Großimporteur durchaus untadelig sein, wenn er ohne falsche Vorspiegelung vielen Bürgern ihren Bedarf sicherte. Nachdem er dabei sein Gewinnstreben befriedigt hat, ist es ihm zu gönnen, wenn er aus Übersee eintreffend sich gleich vom Hafen aus auf seine Landgüter zurückzieht, und das um so mehr, als ja die Landwirtschaft die eines freien Mannes würdigste Tätigkeit ist. Das humane Ideal der temperantia, zugeschnitten auf die Lebensform der Ritter und adligen Latifundienbesitzer, ist politisch geworden und diskriminiert unnötig die Plebs samt der ihr offenstehenden Erwerbsmöglichkeiten.

Cicero hat sich auf den ersten Blick bei der Durchfechtung seiner Theorie der Konvergenz von honestum und utile auf die darin liegenden Risiken nicht eingelassen. So gelang es ihm bei der Entfaltung der Tugendlehre nicht nur, eine Gefährdung des utile aus der Perspektive der Nobilität durch das Kriterium des honestum dank entsprechender Interpretation des letzteren abzuwenden, sondern er konnte auch guten Gewissens davon ausgehen, daß die Konfrontation beider Kriterien nur zur besseren Legitimierung des Nobilitätsinteresses beigetragen hatte. Und doch war Cicero nicht unkritisch genug, den fundamentalen Bruch zwischen theoretischer Radikalität und pragmatischem Interessedenken zu ignorieren. Dies macht Cicero deutlich, als er anstelle des Panaitios dessen Lehrer Antipatros von Tarsos zu Wort kommen läßt. Unbeirrt hatte nämlich Antipatros das von Panaitios modifizierte Dogma der alten Stoiker, zum Glück genüge die Tugend allein, gegen alle Angriffe verteidigt (SVF III 56). Daß aber gerade dies Theorem der Konvergenz von Sittlichkeit und Nutzen in Schwierigkeiten bringt, konnte Cicero nicht entgehen. Als er nämlich, um seine allgemeine Fragestellung an einem Konfliktfall zu konkretisieren, das Beispiel des in Rhodos gelandeten Kaufmanns durchdiskutierte, wählte er als Darstellungsform ein fingiertes Streitgespräch zwischen Antipatros und dessen Lehrer Diogenes von Babylon. Während Antipatros darauf bestand, dem Käufer dürfe kein Umstand unbekannt bleiben, den der Verkäufer kenne, beschränkt Diogenes die Informationspflicht des Verkäufers auf das laut bürgerlichem Gesetz Gebotene; im übrigen dürfe er darauf bedacht sein, einen guten Preis zu erzielen (off. III 51). Pathetisch erinnert darauf Antipatros an gemeinsame stoische Lehrsätze: obwohl du für die Menschen sorgen und der societas humana dienen sollst, obwohl du unter diesem Gesetz geboren bist und diese Grundsätze der Natur zur Befolgung empfangen hast, daß dein Nutzen gemeinsamer Nutzen ist und der gemeinsame deiner, wirst du also dem Käufer die Vorteile, die auf ihn warten, verheimlichen? Und als darauf Diogenes einwendet, bewußtes Verheimlichen (celare) sei das eine, Schweigen (tacere) aber, was niemand verübeln könne, ein anderes (III 52), läßt Antipatros diese Ausflucht nicht gelten, „wenn du dich jedenfalls erinnerst, daß unter den Menschen ein natürliches Band der societas besteht“. Dem wiederum hält Diogenes entgegen, ob denn das Insistieren auf der societas bedeuten solle, daß niemand mehr Eigentum besitzt und folglich statt verkauft nur noch verschenkt werden dürfe? (III 53). — An dieser Stelle unterbricht Cicero das Gespräch und erläutert die Position des Diogenes, der den Gegensatz von „nützlich“ und „unerlaubt“ bestreite, um statt dessen das Nützliche, sofern dies „nicht unsittlich“ sei, mit dem Sittlichen für vereinbar zu erklären, während Antipatros die von Diogenes vertretene Mitte zwischen sittlich und unsittlich gleichfalls für unsittlich erachte (III 54). Nachdem Cicero diesen Streitpunkt an einem weiteren Beispiel erläutert hat, wird Diogenes entgegen dem Zweifel des Antipatros an der unbedingten Vereinbarkeit des Sittlichen mit dem Nützlichen die These von der Haltbarkeit seiner angestrebten Mitte noch verschärfen, wenn er erklärt, es sei sittlich geboten zu tun, was nützlich scheine, und darüber hinaus sogar unsittlich, dies zu unterlassen: an ebendieser Differenz habe sich also der von den beiden Stoikern ausgetragene Disput entzündet (III 56). Cicero indes kann bei der nun fälligen Entscheidung in diesem Streitfall an der Konvergenztheorie nur festhalten, wenn sein Spruch beide Positionen miteinander vermittelt. Nun verbürgt die subtile Unterscheidung des Diogenes zwischen entschuldbarem Schweigen und gezieltem Verheimlichen, daß Cicero die Informationspflicht nicht auf Unkosten der Interessen des Verkäufers bejahen muß:

Offensichtlich durfte also jener Getreidehändler den Rhodiern nichts verheimlichen. Verheimlichen liegt nämlich nicht jedesmal vor, wenn du etwas verschweigst, sondern dann, wenn du bemüht bist, daß über das, was du weißt, zu deinem Vorteil die nicht informiert sind, in deren Interesse diese Kenntnis sehr wohl läge. (III 57)

Gleich darauf belegt nun Cicero Praktiken der Verheimlichung mit allen Schimpfausdrücken und Flüchen, die das Temperament der lateinischen Sprache bereithält, während er bloßes Verschweigen mehr am Rande mit einer milden Rüge belegt. — Mit diesem Urteilsspruch ist Cicero die Vermittlung der streitenden Parteien in der Tat gelungen. Das Beharren auf der Informationspflicht gibt Antipatros offiziell recht. Zugleich erhält Diogenes dank der Art, in der Cicero die Unterlassung der Information verurteilt, inoffiziell recht, wenn er die Unterscheidung zwischen Verschweigen und Verheimlichen gelten läßt und diesbezüglich durch die Akzentuierung seiner Urteilsbegründung einen feinen Wink gibt. In Anerkennung des geforderten Vorranges der praktischen Tugenden vor den theoretischen (I 152 ff.) hat indes Rhetorik und nicht etwa Philosophie diesen feinen Wink gegeben.

Hat also Cicero, nachdem mit solchen Argumentationen seiner praktisch-politischen Interessen auf jeden Fall Genüge getan wurde, in Deckung damit gemäß Konvergenztheorie auch die Philosophie in ihr Recht gesetzt oder hat er mit ihr nur gespielt und ihr die Zuständigkeit für den kritischen Eingriff von vornherein abgesprochen? In der Tat hatte Cicero als Optimat wie als gewesener Augur den skeptischen Zustimmungsvorbehalt der Akademie ebensowenig gelten lassen wie Cotta als Pontifex, sobald eine theoretisch angefochtene Institution aus der Sicht praktischer Interessen hinreichend legitimiert schien. Umgekehrt fand die Stoa nur insoweit Ciceros Beifall, als sie der Fundierung und Legitimierung des öffentlichen und privaten Handelns diente, während selbst die von Panaitios revidierte stoische Lehre erneut revidiert wurde, sobald sie jenen Zweck immer noch nicht hinreichend erfüllte. Offenkundig ließ sich Cicero in seiner Rezeption der griechischen Philosophie konsequent vom praktischen Bewußtsein leiten, aus dem heraus er theoretischer Kritik ihre Grenzen setzte. Sein primäres Interesse galt der Verfaßtheit und Stabilität der aussichtslos gefährdeten Republik, deren Erhaltung er gleichwohl alle seine Kräfte widmete, bis ihn das Schicksal traf, als eines der ersten Opfer der nach Aussöhnung des Oktavian und des Antonius verfügten Proskriptionen am 7. Dezember 43 bei Caeta ermordet zu werden. Obwohl nun Cicero unter solchen Umständen der Philosophie allerdings nur eine sekundäre Rolle zugestehen konnte, hat er ihr damit vielleicht mehr gedient, als wenn er ihr da die Kompetenz des alsdann notwendig Involvierten zugestanden hätte, wo praktisches Bewußtsein ohnehin die Grundzüge der Entscheidungen schon vorgezeichnet hat. So mag Cicero die Philosophie vordergründig in Rom angesiedelt haben; in einem allgemeineren Sinne hat er sie aber in der Sphäre der Bildung angesiedelt und ihr damit den Ort zugewiesen, an dem sie wenigstens in relativer Autonomie fortbestehen konnte. In dieser Bestimmung aber dürfte nicht nur die antike Philosophie ihr vorläufiges Telos gefunden haben.

LITERATURAUSWAHL

Bambrough, R. (Hrsg.): Plato, Popper and Politics. Some Contributions to a Modern Controversy, Cambridge/N.Y. 1967.

Bernays, J.: Zwei Abhandlungen über die aristotelische Theorie des Dramas, Nachdruck: Darmstadt 1968.

Bien, G.: Das Theorie-Praxis-Problem und die politische Philosophie bei Platon und Aristoteles, in: Phil. Jahrb. 76 (1968/69) 264—314.

—: Die Grundlagen der politischen Philosophie bei Aristoteles. Freiburg/München 1973.

Bonitz, H.: Über die Kategorienlehre des Aristoteles, Nachdruck: Darmstadt 1967.

Bormann, K.: Parmenides. Untersuchungen zu den Fragmenten, Hamburg 1971. (Siehe die dort Seite 254—259 angegebene Literatur!)

—: Platon. Freiburg/München 1973.

Breitenbach, H.: Platon und Dion, Skizze eines idealpolitischen Reformversuchs im Altertum, Zürich 1960.

Buchheit, V.: Untersuchungen zur Theorie des Genos Epideiktikon von Gorgias bis Aristoteles, München 1960.

Cherniss, H.: Plato. Forschungsberichte, in: Lustrum 4 (1959/60) und 5 (1960/61).

Düring, J.: Aristoteles. Darstellung und Interpretation seines Denkens, Heidelberg 1966.

Festugière, A. J.: Contemplation et vie contemplative selon Platon, Paris 1936.

Fritz, K v.: Philosophie und sprachlicher Ausdruck bei Demokrit, Plato und Aristoteles, Nachdruck: Darmstadt 1966.

—: Platon in Sizilien und das Problem der Philosophenherrschaft, Berlin 1968.

—: Grundprobleme der Geschichte der antiken Wissenschaft, Berlin 1971.

Gadamer, H.-G.: Platon und die Dichter, Frankfurt 1934.

Heinimann, F.: Nomos und Physis. Herkunft und Bedeutung einer Antithese im griechischen Denken des 5. Jahrhunderts. Nachdruck: Darmstadt 1965.

Jaeger, W.: Die Theologie der frühen griechischen Denker, Stuttgart 1953.

Kapp, E.: Theorie und Praxis bei Platon und Aristoteles, in: Mnemosyne 6 (1938) 179—194.

—: Der Ursprung der Logik bei den Griechen, Göttingen 1965.

Koller, H.: Musik und Dichtung im alten Griechenland, Bern/München 1963.

Krüger, G.: Einsicht und Leidenschaft, Frankfurt [2]1948.

Manasse, E. M.: Platonliteratur (Umschlagtitel). Philos. Rundschau, Beihefte 1 und 2, Tübingen 1957/61.

Patzig, G.: Die aristotelische Syllogistik, Göttingen 1959.
Pohlenz, M.: Die Stoa. Geschichte einer geistigen Bewegung, Göttingen [3]1964.
Prantl, C.: Über die Entwicklung der Aristotelischen Logik, Nachdruck: Darmstadt 1968.
Ritter, J.: Metaphysik und Politik. Studien zu Aristoteles und Hegel, Frankfurt 1969.
Schweitzer, B.: Platon und die bildende Kunst der Griechen, Tübingen 1953.
Seel, O.: Cicero — Wort. Staat. Welt. Stuttgart 1953.
Solmsen, F.: Die Entwicklung der aristotelischen Logik und Rhetorik, Neue Philologische Untersuchungen 4, Berlin 1929.
Steven, R. G.: Plato and the Art of his Time, in: The Class. Quart. 27 (1933) 149—155.
Strauß, L.: Über Tyrannis. Eine Interpretation von Xenophons ›Hieron‹ mit einem Essay über Tyrannis und Weisheit von Alex. Kojève, Neuwied/Berlin 1963.
Warburg, M.: Zwei Fragen zum ›Kratylos‹. Neue philologische Untersuchungen 5, Berlin 1929.
Wieland, W.: Die aristotelische Physik, Göttingen 1962.
Weiss, H.: Kausalität und Zufall in der Philosophie des Aristoteles, Darmstadt 1967.
Wolf, E.: Griechisches Rechtsdenken, Frankfurt 1950—56.